advaita media

OM C. Parkin
Unerfüllte Liebe – Der Sog in die Scheinwirklichkeit

Die spirituelle Dimension des Enneagramms
Trilogie Band 3
(Band 1: Angst – Die Flucht aus der Wirklichkeit)
(Band 2: Zorn – Der Kampf gegen die Wirklichkeit)

Originalausgaben:
advaitaMedia – Weisheit aus der Stille
Am Gutspark 1
D-23996 Saunstorf
info@advaitamedia.com
www.advaitamedia.com

Die Herausgabe dieses Buches wurde durch die
finanzielle Unterstützung von Ludwig Sieber ermöglicht.

Mit Beiträgen von Ulrike Porep und Cornelia Borchert
Lektorat: Dr. Rüdiger Porep
Umschlagsgestaltung: Christoph Konradi
Bildquelle: Whicdhemein/pexels
Satz: Katja Dorow-Schwart
Druck & Bindung: C. H. Beck

1. Auflage 2022
Bibliografische Information der Deutschen Nationalbibliothek.
Die Deutsche Nationalbibliothek verzeichnet diese Publikation in der Deutschen
Nationalbibliografie; detaillierte bibliografische Daten sind im Internet über
http://dnb.d-nb.de abrufbar.

ISBN 978-3-936718-70-6

Die spirituelle Dimension des Enneagramms

Eine Trilogie
Band 3

OM C. Parkin

Unerfüllte Liebe

Der Sog in die Scheinwirklichkeit

advaita media

Inhalt

Vorwort

„Das Verfolgen unerfüllter Wünsche
trägt dich in die Zukunft.
Zukunft ist immer unerfüllt.
Erfüllung ist JETZT.“
OM C. Parkin

Das Erscheinen dieses dritten Bandes vollendet den Themenkreis der Trilogie, die die spirituelle Dimension des Enneagramms zum Thema hat. Nach Band 1 ‚Angst – Die Flucht aus der Wirklichkeit‘ und Band 2 ‚Zorn – Der Kampf gegen die Wirklichkeit‘ ist der Band 3 ‚Unerfüllte Liebe – Der Sog in die Scheinwirklichkeit‘ der dritten der drei emotionalen Grundkräfte des Enneagramms der Charakterfixierungen gewidmet.

Inhaltlich wird mit dieser Trilogie ein großer Bogen geschlagen, der weit über die Lehren des Enneagramms hinausweist. In dem Autor OM C. Parkin begegnet der Leser nicht nur einem Enneagrammlehrer, sondern einem spirituellen Meister, der die indische *advaita*-Philosophie der Non-Dualität mit der jüdisch-christlich-islamischen Mystik verbindet und darüber hinausgeht. Die meisten werden mit der advaitischen Ebene der Lehre nicht vertraut sein, vielleicht mit der advaitischen Sprache zu Anfang Mühe haben. Deshalb ist es empfehlenswert, sich dem Buch (allen drei Büchern) unvorbereitet/unwissend zu widmen, mit freiem Geist und offenem Herzen. Wem es vor allem um intellektuelles Verstehen geht, wird erhebliche Schwierigkeiten haben, denn es geht um integrales und vor allen Dingen fühlendes Erfassen, wobei *integral* das harmonische, gleichzeitige und dynamische Zusammenwirken aller drei Intelligenzzentren (Bauch, Herz, Kopf) meint. Goethe lässt deshalb Faust sagen: „Wenn ihr's nicht *fühlt*, ihr werdet's nicht erjagen."

Wenn die *unerfüllte Liebe* als komplexestes Thema (so erscheint es mir) in dieser Trilogie als drittes thematisiert wird, ist das ein strukturierender Kunstgriff, der drei geistige Bewegungen, drei geistige Systeme als drei Säulen geistiger Irrwelten scheinbar getrennt voneinander sichtbar werden lässt. In integraler Sicht wird die Dreiheit <Angst, Zorn, Liebe> in ihrer un-/überpersönlichen Essenz letztlich zur Einheit, wobei der Liebe die hierarchisch höchste (und zugleich fundamentalste) Position innerhalb der drei genannten Kräfte zukommt. Im 1. Brief des Apostels Paulus an die Korinther (13,13) heißt es: „… doch am größten unter ihnen ist die Liebe", womit sie als die höchste spirituelle Tugend gekennzeichnet ist.

Wie schon in den beiden Vorgängerbänden erleichtert eine kurze Einführung in die sogenannten *Imagefixierungen* aus dem Enneagramm der Charakterfixierungen (Ennea-Typen 2, 3, 4) den Zugang zum weiteren Inhalt. Der Bericht einer Schülerin des inneren Weges, die mit etwas innerem Abstand aus ihrem leidvollen Er-Leben berichtet, illustriert die (scheinbar äußere) innere Welt eines in der ‚unerfüllten Liebe' fixierten Menschen.

Im darauf folgenden zentralen Essay betrachtet OM C. Parkin das Thema *unerfüllte Liebe* aus der Sicht der Weisheitslehre (also nicht in erster Linie als Enneagrammlehrer). Denn: Hinter dem Begriff *unerfüllte Liebe* verbirgt sich ein umfassendes geistiges System, welches sich beständig *hin* zu einer Scheinrealität bewegt. Seine Ausführungen durchleuchten dieses geistige System und öffnen zugleich auch den Weg aus diesem geistigen System heraus: Erkenntnis führt aus der *unerfüllten Liebe* hinein in die Liebe, die Heilige Liebe.

Den zweiten Teil des Buches bilden Auszüge aus Darshans des spirituellen Meisters OM C. Parkin aus den letzten nun fast 30 Jahren. Die fünfzehn Kapitelüberschriften der die *unerfüllte Liebe* spiegelnden erleuchtenden Gespräche mit Schülerinnen und Schülern öffnen die Augen für verschiedene leidvolle Aspekte der Welt der unerfüllten Liebe; die Belehrungen weisen den Weg aus dem leidvollen Irrtum. Die beiden abgesetzten Kapitel am Ende (*Liebe* und *Verzicht*) beziehen sich nicht mehr auf die unerfüllte Liebe, die der personalen Ebene zuzuordnen ist, sondern auf die transpersonale Ebene und sind damit hierarchisch übergeordnet.* Hilfreich für das umfassende Verständnis der Inhalte der Trilogie insgesamt – und deshalb empfohlen – ist das Studium aller drei Bände. Eine noch weitergehende Vertiefung ermöglicht das parallele Studium des Lehrbuchs von OM C. Parkin <Intelligenz des Erwachens – Die spirituelle Neugeburt des Menschen>, auf das in diesem Buch vielfach verwiesen wird.

Diese Trilogie offenbart die elementaren geistigen Wirkkräfte des SEINs, die erschaffenden (in diesem Band), die erhaltenden (Bd. 1) und die zerstörenden (Bd. 2) und zugleich die hier ausführlich in die Sichtbarkeit gehobenen Beschränkungen durch den denkenden Geist. Ich wünsche allen viel Freude an einem erhellenden Studium, dem hier der Weg bereitet wird.

Dr. Rüdiger Porep
Gut Saunstorf, im April 2022

* Hinweis: Das Gewicht des jeweiligen Kapitelthemas ergibt sich nicht aus der Anzahl der zugeordneten Darshanauszüge.

Einführung

von Ulrike Porep

„Hoffnung ist etwas für Kinder. Sehr dienlich, um seine menschlichen Potentiale zu entwickeln, aber kein Weg, um glücklich zu werden. Keine Wunscherfüllung führt jemals zum Verlust des empfundenen Mangels."

Anssi Antila

Dies ist der dritte Band der spirituellen Trilogie zu den drei emotionalen Grundkräften, wie sie im Enneagramm gespiegelt werden. Solange wir uns mit einem ‚Ich' identifizieren, sind wir in einer der drei Grundkräfte fixiert. Das heißt, wir sind in einer bestimmten Stufe der Entwicklung steckengeblieben, und damit ist der Erkenntnisweg, der den Energiefluss in allen drei Zentren in gleichem Maß benötigt, blockiert.

In der Einführung zum ersten Band dieser Trilogie mit dem Titel ‚Angst – Die Flucht aus der Wirklichkeit' wurde eine ausführliche Darstellung zum Enneagramm und speziell zum *Enneagramm der Charakterfixierung* vorgelegt. Ich möchte daher hier nur eine kurze Einführung in die drei Grundkräfte geben, die im Enneagramm aufgezeigt werden. Das Enneagramm ist eine Kosmologie, ein Modell, das die natürlichen Kräfte des Universums abbildet und dynamische Zusammenhänge dieser Kräfte erklärt. Das *Enneagramm der Charakterfixierung* zeigt uns, wie diese Kräfte vom Ich (dem Ego) besetzt und missbraucht werden auf dem Weg zum persönlichen Glück. So werden uns die Irrwege im Labyrinth der Ego-Realität gespiegelt, zugleich aber auch der Weg zu unserem wahren Wesen jenseits der Persönlichkeit aufgezeigt.

Im bereits erwähnten ersten Band dieser Trilogie <Die spirituelle Dimension des Enneagramms> ging es um die Energie von Angst, die im Mentalzentrum fixiert und festgehalten wird, sodass wahre Intelligenz nicht mehr frei fließen kann. Im zweiten Band wurde dargelegt, wie die Kraft des Zorns im Bauchzentrum fixiert und damit festgehalten wird, sodass sie dem Lebensfluss nicht mehr vollständig zur Verfügung steht.

Zur Erinnerung: Die drei Kräfte, die den natürlichen Wandel aller Seins-Formen bewirken und dem natürlichen lebendigen Prozess des Werdens und Vergehens entsprechen, sind:

- Die Kraft der Geburt (Entstehen, Schöpfung)
- Die Kraft der Erhaltung (Bewahren, den Weg gehen)
- Die Kraft der Zerstörung (Vergehen, Tod)

Durch drei Bewegungen, die sich dem natürlichen Kreislauf widersetzen, werden diese drei genannten Kräfte verfremdet im fixierten Ich gelebt:

- Hin (durch Erschaffung einer scheinbar besseren Welt, in der ‚ich' mich geliebt fühle)
- Weg (von der scheinbaren Bedrohung auf dem Weg in eine scheinbare Sicherheit)
- Gegen (von der Begrenzung des Eigenwillens in die Vermeidung des Gefühls von Ohnmacht)

In diesem dritten Band geht es um die Kraft der Liebe, die durch das Ich verfälscht und nun als falsche Liebe und durch die Erschaffung von Scheinwelten ihren pervertierten Ausdruck findet. Die Ego-fixierte Kraft der Liebe als Leidensmotor führt in eine Welt der Täuschung und Verklärung und ist daher nicht ohne weiteres in seiner Tragweite als Leidensursache sichtbar und erkennbar. Liebe – was kann daran schon falsch sein? Wir befassen uns nun aber mit dem, was ein Ego aus der Kraft der Liebe macht, um diese für sich zu nutzen. Der freie Fluss der göttlichen Liebe wird verwandelt in einen berechnenden Handel von scheinbarem Geben und fordernden Ansprüchen an die Zurückzahlung des Gegebenen.

„Ich will haben" sagt das Ich im Klartext, was aber nicht wirklich offengelegt wird, sondern hinter manipulativen Strategien versteckt wird. Aber was versteht ein Ich unter Liebe? Das Ich weiß nicht, was Liebe ist, es möchte geliebt werden. Das bedeutet für das Ich, emotionale Erfüllung zu erlangen. Dieses Ich erfährt in sich ein Gefühl von Mangel, und zwar im Emotionalzentrum (Herz). Hier ist seine besondere Empfindsamkeit, hier hat sich der Verlust der göttlichen Liebe, der verlorene Zugang zur göttlichen Liebe als Mangelempfinden manifestiert, hier ist der Motor für die ständige Suche nach Liebe, nach Aufmerksamkeit, nach Wert.

Schon als Kind erfährt der in der Emotionalfixierung verhaftete Mensch in seinem Wunsch geliebt zu werden schmerzhafte Zurückweisung, die als Verletzung interpretiert und gefühlt wird; das Leben erfüllt eben keine Ego-Wünsche. Diese schmerzhafte Zurückweisung, die

Nichterfüllung emotionaler Bedürfnisse, wird als Unerfülltsein, als Leere und Mangel im Herzen empfunden und führt in die Suche nach Erfüllung. Nur die Liebe, so wie das Ich sie versteht, scheint diesen Schmerz der Verletzung beheben zu können. Allgemeiner gesagt geht es dem Ich darum, dass seine Wünsche, die es dann auch „Herzenswünsche" nennt, erfüllt werden. Wir sprechen deshalb von der *Fixierung in unerfüllten Wünschen*. Es gibt den wahren Herzenswunsch, den Wunsch nach Erkenntnis und (Wieder-)Vereinigung mit der göttlichen Liebe – und es gibt die vielen unerfüllten Ich-Wünsche, die den schmerzlich empfundenen Mangel ausgleichen sollen (aber nicht können).

Bereits als Kind versucht dieses Ich, das den Kontakt zum wahren Wesen und damit zur Liebe verloren hat, über die Beziehung zur Mutter, und später auch zum Vater, den Verlust zu kompensieren. Aber egal, wie sehr die Mutter dem Kind Liebe (nach ihrem Verständnis) und Zuwendung gibt, es ist nie genug. Der Liebesfluss wird scheinbar durch notwendige Begrenzungen der Wünsche eines Kindes immer wieder unterbrochen, was als schmerzhafter Liebesverlust empfunden wird; das führt erneut in das Mangelgefühl, im schlimmsten Falle in ein Gefühl lebensbedrohlicher Verlorenheit und Verlassenheit. Das möchte dieses Ich nie wieder erleben. So entwickelt es nun seine Strategien, dessen habhaft zu werden, was es so vermisst: die Liebe. Das Ich möchte eine neue Welt erschaffen, in der es nur Schönheit, Liebe, Erfüllung gibt: Traumwelten. Der Schein wird wichtiger als das SEIN. Das SEIN hat keinen Wert, das Ich selbst sieht sich (nach dieser unbewussten Abtrennung vom SEIN folgerichtig) ja im Unwert und sucht nun kompensatorisch in seinen Wunsch- und Traumwelten nach einem Platz, an dem es sich liebenswert fühlen kann.

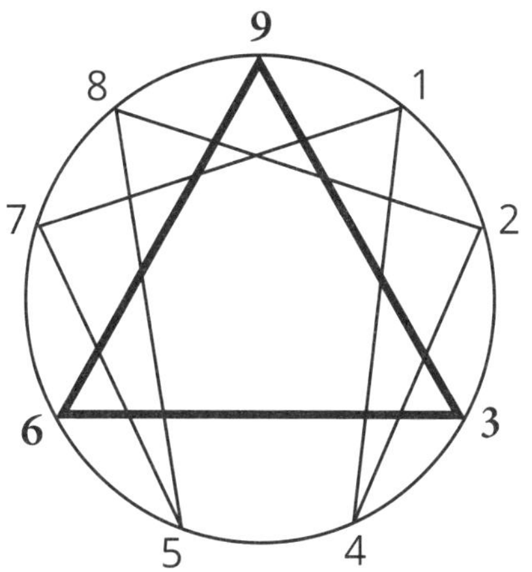

Abbildung 1:

Die neun Enneatypen (Punkt 1 bis 9)

Im Enneagramm der Charakterfixierung (s. Abbildung 1) werden durch 9 Punkte auf einem Kreis die inneren Standpunkte des Ich-fixierten Menschen symbolisiert. Die Punkte 7,6,5 sind im ersten Band dieser Trilogie als Angstfixierungen beschrieben; die Punkte 8,9,1 werden als Zornfixierungen bezeichnet; umfassende Beschreibungen dazu enthält der zweite Band.

In diesem dritten Band stehen die Punkte 2, 3, 4 für die Emotionalfixierungen. In den Emotionalfixierungen geht es um die Besetzung des Herzzentrums durch den denkenden Geist. Das Herzzentrum ist natürlicherweise der innere Ort von Intuition, Kreativität, die Fähigkeit und Bereitschaft zu lieben – *das offene Herz*. Ein offenes Herz ist jedoch auch schmerzempfindlich. Der denkende Geist, das Ego, interpretiert den empfundenen Schmerz als Verletzung und findet einen Schuldigen: „Du hast mir wehgetan." In dieser Schuldzuweisung bleibt das Ich stecken, es wird zum Opfer. Unterschwellig bleibt die Opfer-Geschichte der Antrieb für Hass und Rache.

Im Ennea-Typ 2 und 3 finden wir dann weitere unterschiedliche (Kompensations-)Formen der Bewältigung des Liebesverlustes.

Punkt 3 im Enneagramm als Spiegel der natürlichen Kräfte im Universum steht für den Anfang, die Kraft der Schöpfung, die Kraft der Liebe. Hier ist Kreativität und Schaffenskraft als natürlicher Aspekt menschlicher Intelligenz zu Hause. Diese Kraft ist eine Herzenskraft, die intuitiv erfühlen kann, wie Neues schöpferisch ins Leben gebracht werden kann und will. Hier entstehen die Impulse für kreativen Ausdruck in der Kunst, Musik und neuen Perspektiven. Hier sind Geben und Nehmen ausgeglichen und im Fluss der Liebe.

Der am Enneapunkt 3 fixierte Charakter präsentiert sich selbstbewusst als Macher. In dieser Fixierung ist es wichtig, sich über Erfolg Liebe und Wert zu erschaffen. Eitelkeit ist die Triebkraft, die Leidenschaft, die die Maschine am Laufen hält. Der Mensch in der Fixierung an Punkt 3 ist der perfekte Blender und Betrüger. Die emotionale Energie der Schöpferkraft wird benutzt, um den Schein einer besseren, perfekten Welt herzustellen. In dieser Fixierung geht es um Ideale, Bilder, in denen das Ich jemand ist, der bewundert und geliebt wird. Alle echten Gefühle müssen für eine oberflächliche Präsentation des perfekten Bildes Platz machen. Der Ennea-Typ 3 weiß, was gut ankommt, er opfert sich selbst dem Erfolg, dem Image, der bewunderten Leistung. Unerfülltheit als Leidensthema tritt beim Ennea-Typ 3 nicht in Erscheinung, das Streben nach Erfolg nimmt alle Kraft in Anspruch und scheint auch zu positiven Ergebnissen zu führen. Selbstzweifel sind dem Ennea-Typ 3 scheinbar fremd. Obwohl der Erfolg selbstverständlich ist und auch erreicht wird, droht im Hintergrund die Angst zu versagen. Mit allen Mitteln und unter Einsatz von manipulativer Kreativität wird das verhindert. Die natürliche Schöpferkraft wird so missbraucht für den Aufbau einer Scheinwelt, in der das Ich sich sonnen kann.

Der Archetyp an Punkt 3, der Magier, glaubt in der Fixierung selber die Gesetze bestimmen zu können: „Ich mache mein Leben! Ohne mich gibt es keine Schöpfung!" Die Tatsache der Vergänglichkeit wird ignoriert. In seiner oft nicht bewussten Angst vor Misserfolg erahnt er, dass die Welt des Scheins ständig in Gefahr ist zusammenzubrechen, was dazu führt, dass die Anstrengung verdoppelt werden muss, um die Scheinwelt aufrechtzuerhalten.

Wie auch an Punkt 3 und Punkt 4 ist die Fixierung an Punkt 2 des Enneagramms der Charakterfixierung begründet und angetrieben durch den unerfüllten Wunsch nach dem Geliebtwerden. Wie bekomme ich diese Liebe, die ich so dringend zu brauchen glaube? Die Liebe, die mir Erfüllung gibt, die mir Wert gibt. Das Selbstideal an Punkt 2 besteht in dem Bild des unentbehrlichen Helfers und Gebenden, eines Menschen, der Liebe gibt, aber vorgibt, selber keine zu brauchen. Zu demütigend erschien schon dem Kind die Erfahrung der Bedürftigkeit und der drohenden Zurückweisung, die Abhängigkeit von der Liebesgunst anderer. Bedürftigkeit erscheint beschämend, der Stolz gibt vor, endlos geben zu können. Der Ennea-Typ 2 hat sich auf einen Liebeshandel spezialisiert: ich gebe dir und erwarte dafür ganz versteckt die Anerkennung, Liebe, Dankbarkeit, die mir ein Gefühl von Bedeutung und Wichtigkeit verleiht.

Sie ist sehr wach für die Bedürfnisse der Menschen und erfüllt diese ungefragt. Sie hat ja genug zu geben! Erst wenn das Gewünschte nicht zurückfließt, wird sie zornig und einfordernd. Und natürlich erscheint dieser Zorn vollkommen berechtigt. Die Imitation von selbstlosem Geben ist die perfekte Möglichkeit, andere abhängig zu machen und sich selbst und anderen Unabhängigkeit und Bedürfnislosigkeit vorzumachen: „Ich brauche die Liebe der anderen nicht, ich bekomme sie einfach, sie steht mir zu, weil ich so wundervoll und unentbehrlich bin", spricht das 2er-Ich.

Der in Punkt 4 fixierte Mensch leidet ganz offensichtlich unter dem Mangel an Liebe und Zuwendung. Der Ennea-Typ 4 sieht sich als Opfer von Zurückweisung, enttäuschten Erwartungen und Liebesverlust. Alles dreht sich um die Unerfülltheit und die tiefe Überzeugung, doch nie zu bekommen, was er braucht. In anklagender Beschuldigung ist er zutiefst davon überzeugt, das Opfer von Lieblosigkeit zu sein. Sich selbst sieht er dann als nicht liebens-wert. Der Drang nach Selbstverbesserung wird zum entscheidenden Anrieb, um den Wertverlust auszugleichen. „Ich muss besser werden", Fortschritte jeder Art werden angestrebt. So ist der Ennea-Typ 4 sehr bemüht, den eigenen Wert zu erhöhen durch Leistung und künstlerischen Ausdruck der eigenen Einzigartigkeit. Leider verhindert die Leidenschaft in dieser Fixierung, der Neid, jegliches Einverstandensein und Wertschätzen dessen, *was ist*. Immer haben die anderen mehr, was sie denen missgönnt, sich selbst gönnt sie allerdings auch nichts. Vor lauter Streben nach Selbstverbesserung versäumt sie Momente natürlichen Glücks, nie kommt sie ans Ziel ihrer Wünsche.

In der Opferhaltung des Enttäuschten werden Hass und Rachegedanken entwickelt. Selbstzerstörung dient der Anklage, Leiden wird zur Sucht. Die in Punkt 4 (meist Frauen, aber auch Männer) emotional fixierten Menschen suchen gar nicht mehr nach Liebe, sondern nach der unerfüllten Liebe. Die Suche, das Leiden des Mangels sind der Lebensinhalt, aus dem Dramen kreiert werden. Diese Dramen sind der Lebenssaft des Ichs, das einerseits den (falschen) Schmerz braucht, um sich selbst darzustellen, andererseits den natürlichen Schmerz der Enttäuschung meidet. So wird die reale Bedeutung dieses wichtigen Schlüssels für den Eintritt in die Realität von Täuschung verhindert. „Ich habe mich getäuscht!" wäre ein Schritt in die Auflösung des fixierten Liebeswunsches und der Unerfülltheit.

Auf dem inneren Weg geht es darum, die Missverständnisse über die Liebe zu erkennen. Der Wunsch geliebt zu werden kann als egoistische Haltung erkannt werden, die aufgegeben werden muss, um den Fluss der Liebe zu entdecken, der aus dem ungeschützten offenen Herzen entspringt. Hier ist die wahre Fülle verborgen, ein Fluss von Geben und Nehmen ohne Berechnung. Das verlangt die Abwendung von den zahllosen unerfüllten Wünschen, das Ende der Hoffnung und die Entdeckung der wahren Liebe.

Es kann nur besser werden … *und das muss es auch!*

Aus dem inneren Erleben eines Ennea-Typs 4
von Cornelia Borchert

„Aus dir kann mal was Richtiges werden – wenn du dich nur ordentlich anstrengst." Das ist der Satz, der mich seit meiner Kindheit begleitet, der mir unterschwellig durch mein Elternhaus mitgegeben wurde, den ich dankbar genommen habe und nach dem ich mein Leben ausgerichtet habe.

Ich bin eine Streberin vor dem Herrn, fleißig, hart arbeitend, leiste *besonders* viel und stets bedacht auf mehr als 100 %, verzweifle an der Nichterfüllung meiner inneren *besonderen* Idealvorstellungen von mir selbst, an den mir von außen auferlegten Anforderungen, am Leben überhaupt, falle dann in ein bodenloses inneres Loch, beklage mich darüber, dass es nie genug ist (ich nie genug bin), manchmal auch laut, warte auf Bestätigung meiner *besonders* schweren Situation durch mir Wohlgesonnene, fühle mich im Recht in meinem *besonders* schweren Los und bin darin einzigartig und sehr *BESONDERS*. „Höher, schneller, weiter und besser" ist der Slogan meines Lebens, der auch nicht vor dem spirituellen Weg halt macht. Meine einzige Chance ist, mich noch mehr anzustrengen. Vielleicht schaffe ich es doch noch. Innerlich aber nagt eine stete Unzufriedenheit, eine Hoffnungslosigkeit, ein tiefes schwarzes Loch – alles Nahrung für meine Fixierung am Ennea-Punkt der unerfüllten Liebe.

Lieber Leser, du kannst es bestimmt schon erfühlen: Ich habe es besonders schwer. Und vielleicht bekommst du über meine Erzählung einen Geschmack von dem Leiden, mit dem ich mich immer wieder konfrontiert sehe. Hier nun ein ganz gewöhnlicher Tag in meinem Leben.

Der Wecker klingelt, ich wache auf. Der erste Moment nach dem Aufwachen: Nichts. In mir ist nichts, eine Leere, Orientierungslosigkeit. Ich weiß nicht, wo ich bin, wann ich bin und wer ich bin. Blitzschnell ertönt eine strenge innere Stimme in mir und predigt meine gesamten ToDo´s des Tages herunter. Eine lange Liste, die mich innerlich zusammenzucken und schrumpfen lässt. Ich fühle den Schwall der Aufgaben auf mich hernieder prasseln, ich kann mich dagegen einfach nicht wehren. Meine kindliche Gegen-Reaktion darauf: Ich will nicht aufstehen, ich will liegen bleiben und mich verkriechen unter meiner Bettdecke. Aber ich darf mir das nicht erlauben. Wie würde das aussehen, was würden die anderen von mir denken? Also als faul und nutzlos möchte ich bestimmt nicht angesehen werden. Schon gar nicht in einer spirituellen Gemeinschaft, die sich dem „Erwachen und dem Dienen am großen Ganzen" verschrieben hat! Schließlich geben mir meine Aufgaben die Berechtigung meines Hierseins, Wichtigkeit und Anerkennung. Ich bin dadurch ein wertvoller Teil der Gemeinschaft, der einen wichtigen und sicherlich auch beträchtlichen Beitrag zum Allgemeinwohl leistet. Dafür werde ich geschätzt und im besten Fall geliebt. Und vor allem bin ich unersetzlich.

Der unschuldige Moment des „Nichts“ nach dem Erwachen in den Tag ist in weite Ferne gerückt. Ich reiße mich zusammen, stehe auf und spule meine Morgenroutine ab. Beim Zähneputzen fällt mir auf, dass meine Augen heute besonders geschwollen aussehen (gestern Abend hatte ich mal wieder einen meiner berüchtigten Heulanfälle) und meine Haare wieder eine Wäsche gebrauchen könnten. Das, was ich da im Spiegel sehe, finde ich nicht sehr anziehend. Eigentlich habe ich ein ganz anderes Bild in mir, wie ich aussehen möchte. Es entspricht so ziemlich dem Gegenteil von dem, was ich da sehe. Der Abgleich meines inneren Idealbildes mit dem Spiegelbild da vor mir versetzt mir einen Dämpfer. Je länger ich mich im Spiegel betrachte, desto mehr „Fehler“ fallen mir auf. Leichte Wehleidigkeit überkommt mich und ein Gefühl des Mangels – nicht gut genug! Sofort überlege ich mir, wie ich es schaffen könnte, näher an dieses (Ideal-)Bild in mir heranzukommen. Ich sollte mehr Sport treiben, mindestens jeden Tag eine halbe Stunde, mich besser ernähren, meinen Körper mehr pflegen. Ich meine, „die anderen“ schaffen das doch auch. Wie machen die das bloß? Prompt bin ich im Leben „der anderen“ gelandet, analysiere und vergleiche meine Umstände mit denen derer. Ich erstelle eine Pro- und Kontraliste, bei der ich letzten Endes immer wieder schlecht dastehe. Der Neid macht sich in mir leise breit, ich fühle mich als Opfer meiner Lebensumstände, aus der Ferne höre ich die Töne des Wehklagens näher kommen. Die Vergleichs-Liste hat kein Ende, doch der Tag ruft und die nächste Aufgabe wartet auf mich.

Was ziehe ich heute an? Ich durchleuchte meine Bekleidung der letzten Tage. Dieselben Outfits zu tragen kommt gar nicht in Frage. Dabei überlege ich mir, wie ich heute wirken möchte, wie will ich erscheinen – lässig, geschäftlich oder etwas verspielt? Ich entscheide mich für lässig. Doch was heißt lässig? Es gibt doch ganz unterschiedliche Arten von Lässigkeit, lässig feminin, lässig burschikos, lässig sexy. In Anbetracht meiner bereits gesenkten Laune entscheide ich mich für einen einfachen Pullover und eine weite Jeans. Es soll mir ja auch keiner ansehen, wie viel Mühe ich mir gegeben habe und wie viel mir an meiner äußeren Erscheinung liegt. Schließlich möchte ich so natürlich und authentisch wirken wie möglich. Ein letzter Blick in den Spiegel, ob auch alles so sitzt, wie ich es mir vorstelle. Ja, es könnte noch etwas besser sein, aber meine Zeit reicht jetzt nicht aus für mehr. Also gebe ich mich mit dem Ergebnis, naja, zufrieden. Und schließlich geht es auf dem spirituellen Weg nicht um oberflächliche Äußerlichkeiten, ermahne ich mich.

Puhh, das wäre geschafft, so kann ich zumindest in den Tag starten. Was gibt es als nächstes zu tun? In meinem Kopf laufen die kommenden Momente des Morgens bildlich wie in einem Film ab … mit dem Hund Gassi gehen, Frühstück zubereiten, kurz am Computer die Mails checken und dann ab ins Büro. Jede Situation erscheint detailgenau vor meinem inneren Auge, das gibt mir eine Sicherheit und Orientierung.

Diesen Teil des Morgens bin ich mit mir allein. Es ist schon eine Menge in mir geschehen und ich fühle mich wie auf einem Laufband, was nicht zum Stillstand kommt. Mein innerer Raum wird immer enger, Leistungsdruck baut sich auf und ich versuche so gut es geht zu funktionieren. Doch heimlich warte ich auf eine Erlösung aus meinem inneren Teufelskreis. Und ich weiß, die Rettung naht – mein Mann steht auf. Während ich das Frühstück bereite, sehne ich mich nach einer liebevollen Umarmung, einem Wort der Zärtlichkeit, einem Beweis dafür, dass ich genau richtig bin, so wie ich bin. Eine Bestätigung dafür, dass ich geliebt werde. Denn das brauche ich wie … wie ein Heroinsüchtiger seinen Schuss. Aber diese meine spezielle Sucht versuche ich so gut es geht zu verbergen.

Ich gebe mir alle Mühe, so erwartungslos zu wirken, wie nur möglich, und meine Sehnsucht nach einem Zeichen der Liebe zu kaschieren. Versuche mir meine Unsicherheit und Bedürftigkeit nicht anmerken zu lassen. Meine inneren Antennen sind genau gespitzt, als ich seine Schritte nahen höre. In was für einer Stimmung ist er wohl an diesem Morgen? Kann ich auf meinen ersehnten Kuss hoffen? Momente der inneren Spannung und leisen Hoffnung begleiten das Geschehen. Ja, welches Geschehen überhaupt? Ernüchternde Leere, nichts, noch nicht mal ein „Guten Morgen“, geschweige denn „Guten Morgen, mein Schatz“. Oder eine innige Umarmung. Er verlässt die Küche, ohne mich auch nur eines Blickes gewürdigt zu haben. Ein stiller, ganz normaler, gewöhnlicher Moment. In mir beginnt es zu brodeln. Beschwerdekaskaden und eine Welle der Empörung rollen innerlich heran. „Was fällt ihm ein? Sieht er mich gar nicht? Jetzt bemühe ich mich jeden Morgen, ein schönes Frühstück herzuzaubern, und was bekomme ich dafür – noch nicht mal ein DANKE. Das habe ich nicht verdient! Siehst du, er liebt mich überhaupt nicht. Sicherlich bin ich zu langweilig, er hat kein Interesse mehr an mir. Es ist egal, ob ich da bin oder nicht. Ich habe es doch gewusst!". Ich spiele die Situation ganz langsam noch einmal vor meinem inneren Auge ab: „Moment mal, war das nicht ein kleines Lächeln in meine Richtung? Also da hat er mich doch gesehen. Was hat er nochmal gesagt? Hab' ich etwas vielleicht nicht gehört? Doch, er hat doch …" Präzise läuft meine Analyse der Situation ab, sowohl in die Richtung „Er liebt mich!", als auch in „Er liebt mich nicht!". Nein, ich pflücke keine Margeritenblütenblätter mehr ab, meine Blütenblätter haben sich im Laufe meines erwachsenen Daseins auf feine analysierende Gedanken reduziert. Doch das Prinzip ist das Gleiche geblieben – nur meistens endet es nach wie vor leider mit „Er liebt mich nicht!" (Schluchz). Denn ich bin eine Meisterin darin, den FEHLER zu finden. Und davon gibt es nicht wenige in meinem Leben!

Mein inneres Drama baut sich immer weiter auf. Dabei wird mir schwer ums Herz, und es beginnt zu schmerzen. Wie konnte es nur soweit kommen? Was habe ich falsch gemacht? Habe ich nicht etwas Besseres verdient? Ich habe doch verdient, dass man mich wenigstens ansieht und mir sagt, wie sehr ich geliebt bin. Schließlich gebe ich wirklich mein Bestes! Was soll das eigentlich, Gott? Ich habe ziemlich genaue Vorstellungen davon, wie ich behandelt werden möchte und auch davon, was gar nicht geht. Meine Wunschliste ist ellenlang. Doch leider hat bisher noch niemand – noch nicht einmal mein Partner, der ja eigentlich wissen müsste, was ich brauche und was mir gut tut – gelernt, sie zu lesen.

So versinke ich immer tiefer in ein hohles dunkles Loch, voller Schmerz und Trauer. Das kenne ich so gut. Dabei vergesse ich ganz und gar, wie ich überhaupt hinein geraten bin, und ehrlich gesagt interessiert es mich auch nicht. An diesem Punkt fühle ich mich wie der letzte Wurm, aber ich weiß auch, dass ich Recht habe. Es ist diese spezielle Mischung aus mich einerseits wie das fünfte Rad am Wagen oder der letzte Heuler zu fühlen und andererseits gleichzeitig mit einer inneren Hartnäckigkeit überzeugt zu sein, dass ich das wirklich nicht verdient habe und es gefälligst anders sein sollte. Wie anders, das kann ich gar nicht genau sagen in dem Moment. Irgendwie liebevoller, Herz erwärmender, mich erfüllender, mich bestätigender – also es sollte einfach besser und mehr sein.

Dieser Moment ist wieder mal ein Beweis dafür, dass ich es immer noch nicht geschafft habe. Ich meine, ich bin schon soooo lange auf dem spirituellen Weg und immer noch läuft es nicht so, wie ich es mir vorstelle. Ich könnte verzweifeln und vor Wut das wertvolle Porzellan an die Wand schmeißen. Doch diese Blöße werde ich mir nicht geben. Ich bewahre so gut es geht die Fassung. Innerlich angespannt und ziemlich kurz vor dem Zusammenbruch schleiche ich mich nach oben, in die Nähe meines Mannes und druckse da herum. Ich mache das Bett, räume die Wäsche von einem Ort zum anderen, tue geschäftig und „ganz bei mir“, lauernd darauf, dass er mich mal wahrnimmt. Nein, ich zeige mich nicht, ich warte, dass ER mich gefälligst sieht! Ich meine, schließlich ist es seine Schuld, dass ich mich so fühle. Ich lasse mir nichts anmerken, und als er mich endlich anspricht, platzt es wie ein Wasserfall aus mir heraus. Aus meinen Augen kullern Krokodilstränen und die Heuleskapade des Vorabends nimmt wieder Fahrt auf. Also wenn ich jetzt nicht die ersehnte Liebesbekundung von ihm bekomme … dann … dann raste ich aus. Dann vergesse ich mich vollkommen. In mir drängt sich der Film des „Nicht-Geliebt-Werdens“ extrem stark in den Vordergrund. In diesem Moment bin ich hilflos – hilflos meinem Geist ausgeliefert.

Da liege ich nun heulend in den Armen meines Mannes, fühle seine Wärme, aber gleichzeitig auch seine Geradlinigkeit und Unbeeindruckbarkeit von meinem äußeren und inneren Drama. Großartige Liebesversprechungen bleiben aus. Er bleibt nüchtern. Ich nicht. Es reicht mir nicht! Es reicht nicht, dieses Leiden in mir zu lindern. Es ist ein kurzer Moment, in dem ich für einen Augenblick das Gefühl bekomme, ich werde geliebt. Nun, es ist kein sehr koscherer Moment, das kann ich schon auch wahrnehmen, aber immerhin bin ich in diesem Moment an meinen „Heroinschuss“ gekommen. Das war mir wichtig! Ich habe da auch wirklich viel Kreativität und Hingabe hineingelegt. An dem tieferen inneren Gefühl des „Wurm-Wesens“ hat diese kurze Umarmung nicht wirklich etwas gelöst. In mir drängt sich der Gedanke auf: „Das tut er doch bloß, damit er seine Ruhe hat. Und vor allem, dass ich Ruhe gebe und nicht wieder in lautstarkes Jammern ausbreche.“ Diese Umarmung kann nicht ernst gemeint sein. Die Büchse meiner bodenlosen Wunsch-Pandora öffnet sich schleichend wieder Stück für Stück … Das Spiel kann von vorn beginnen.

Ich löse mich mäßig befriedigt aus der Umarmung, wische mir die Tränen aus dem Gesicht und mache mich auf den Weg ins Büro. Ich reiße mich zusammen, nach außen hin soll niemand merken, wie elend mir zumute ist. Ich betrete den Raum und spüre sofort die Atmosphäre des Raumes, eine leicht angespannte Betriebsamkeit. Ich trällere ein freundliches „Guten Morgen" in Richtung meiner Kollegin, um die Stimmung etwas aufzuhellen. In Wahrheit kann ich sie nicht wirklich gut leiden. Sie würdigt mich keines Blickes und starrt tief gebannt auf ihren Bildschirm. „Die blöde Kuh", denke ich „kann wenigstens mal ihren Mund aufmachen, wenn ich sie grüße. Gestern hat sie auch schon so abweisend reagiert." Auf meinem Arbeitsplatz, den ich mir sehr stilvoll eingerichtet habe, entdecke ich einen Haufen an neuen Akten und Notizzetteln, den sie mir seit gestern hingelegt hat. Schon bei dem Anblick vergeht mir die Lust. Zwar noch leidlich frohen Mutes mache ich mich an die Durchsicht, doch bei jedem Zettel werden meine Schultern schwerer, mein Blick finsterer und der Berg immer höher. Es sind fast alles To Do´s, die am besten bis gestern erledigt werden sollten. Der Druck in mir steigt, jede Zelle begibt sich in Militärhaltung und ich schalte auf einen fast roboterartigen Arbeitsmodus um. Arschbacken zusammen kneifen und los. „Der werde ich´s zeigen. Sie glaubt wohl, sie kann mich fertig machen mit ihrer Schikane. So nicht, der zeig' ich, dass ich´s besser kann als sie." Ich befinde mich im Wettkampfmodus, in der Weltmeisterschaft der Leistungsstärkeren, meine Stacheln fahren ganz langsam aus. Nach außen hin bin ich freundlich, zuvorkommend und lasse mir rein gar nichts anmerken. Meine Fassade ist lupenrein und wasserdicht. Jeden, der das Büro betritt, grüße ich höflich mit einem

Lächeln, führe belanglose Smalltalks und spiele die Rolle der geschäftigen, unabkömmlichen Arbeitskollegin. Dabei führe ich innerlich eine akribische Strichliste, wie viele anerkennende Blicke meine Kollegin bekommt und wie viele ich. Die Anzahl der Striche zeigt dann als Ergebnis, wer wichtiger hier im Raum ist, sie oder ich. Überhaupt beobachte ich jede ihrer Handlungen sehr genau und führe heimlich Buch darüber, wie oft sie Pause macht, den Raum verlässt, wie lange ihre Mittagspause ist und wie sie mit unseren Kunden spricht. Ganz besonders hellhörig werde ich, wenn unser Chef anruft und merke ziemlich genau, wie sich ihre Stimmlage verändert. „Oh, da kann sie plötzlich sehr nett werden. Fast schon schleimig." Ich will kein gutes Haar an ihr lassen. Aber schlimmer ist, dass ich auch kein gutes Haar an mir lasse. Denn leider macht sie alles perfekt. Überhaupt scheint sie perfekt zu sein. Im Grunde bewundere ich sie dafür, dass sie in entspannter souveräner Art und Weise ihre Arbeit erledigt, dabei viel mehr Pausen macht als ich, auf jede Frage die richtige Antwort zu haben scheint, jeden Morgen strahlt wie die Sonne, besser aussieht und scheinbar auch beliebter bei den anderen Kollegen und vor allem beim Chef ist. Sie ist Besonderer als ich. Diese Vergleichsliste zwischen ihr und mir gibt meinem Geist jede Menge an Interpretationsmöglichkeiten, sowohl zu meiner Bestätigung, als auch zu meiner Abwertung. Dieser manipulative Geist versucht, sich listenreich Einlass in mein Gemüt zu erschleichen, meist mit Erfolg, weil ich es, wenn überhaupt, viel zu spät bemerke. Wenn ich nicht wach bin, braucht es nicht viel, und schon bin ich verloren im Sumpf aus Selbstabwertungen, Selbstzweifeln und meinem Opferdrama. Dieser Geist braucht nur den Satz aus meiner Kindheit zu sprechen: „Wenn du dich nur ordentlich anstrengst, …" – und schon lasse ich ihn ein, gebe ihm recht und – bin abgerutscht. Weg vom Fenster.

Am Ende des Tages liege ich, vollkommen erschöpft und ausgelaugt, mit einem wehmütigen Herzen in meinem Bett und versuche angestrengt, eine Lösung für mein Leiden zu finden. Letzten Endes kann mich – so taucht der Gedanke in mir auf – nur noch der Tod erlösen. Das wäre die letzte Möglichkeit, die mir noch bliebe, um zu demonstrieren, wie schlecht das Leben und Gott es mit mir gemeint hat. Allerdings dämmert es mir, dass sich hier gerade ein nicht wirklich ernst zu nehmender Rachegedanke breitmacht. Doch der folgende Gedankengang erscheint mir verführerisch: Dann würde die Welt endlich erkennen, welche Verfehlungen sie an mir begangen, was sie mir unverdientermaßen vorenthalten hat, wie grausam lieblos sie gegen mich war, und dass mir keine andere Möglichkeit geblieben ist, mich von diesem Schicksal zu erlösen. Dann würde auch mein Mann endlich einsehen, dass ein herzliches „Guten Morgen, mein Schatz!" genau das war, was er mir an diesem Morgen hätte geben müssen! Warum nur hat mir das Leben das Glück vorenthalten? Warum?

Unerfüllte Liebe
Das Streben in die Scheinwirklichkeit
von OM C. Parkin

Strebendes Wunsch-Leben

Im Folgenden soll es darum gehen, wie das Ich zu einem eigenen kleinen Schöpfergott wurde, der einer magischen Verheißung folgte, unendlich viele Wünsche frei zu haben, darin die große Erfüllung glaubte zu finden, leidenschaftlich seine Lebenskraft investierte, um sich alsdann in andauernder Unerfülltheit wiederzufinden. Ein kurzer Abriss über den Zusammenhang zwischen einer falschen Versprechung des Paradieses und der folgenden Erfahrung der Hölle aus der Perspektive eines denkenden Geistes, der aus Gründen, die wir näher betrachten werden, außerordentlich anfällig für jede Form der Selbsttäuschung ist.

Diese dritte und letzte Abhandlung zu den „drei geistig-emotionalen Säulen des Egos“[1] beschreibt Verknüpfungen im Unterbewusstsein in einer geistigen Welt, welche für die persönliche Realität eines Lebens in unerfüllter Liebe verantwortlich ist, eines Lebens, welches sich einer endgültigen Erfüllung zu verweigern scheint. Gibt es einen ebenso grundlegenden, wie paradoxen Zusammenhang zwischen einem Leben in erstrebten Wunschwelten des Ichs und der Erfahrung der unerfüllt bleibenden Liebe? Führt ichhaftes Streben auf dem inneren Weg zum ersehnten Ziel, oder steht es dem ersehnten Ziel gar im Wege? Und: Wie wandelt sich die Unerfülltheit?

Die unerfüllte Liebe erfährt, trotz ihrer Unerfülltheit, im Gegensatz zu den ersten beiden Säulen Angst und Zorn (mit Ausnahme des Wollüstigen an Enneagrammpunkt 8) innerhalb der Ich-Perspektive eines Menschen eine positive Bewertung. Das nimmt nicht wunder, wird doch die Liebe (allerdings nicht die *unerfüllte* Liebe) seit jeher von allen großen religiösen Traditionen als höchstes Gut der Menschheit erkannt. „Nun aber bleiben Glaube, Hoffnung, Liebe, diese drei; aber die Liebe ist die größte unter ihnen." (1. Korinther 13;13) Und wie es geschehen konnte, dass sich die Liebe in die unerfüllte Liebe verwandelte, darum soll es im Folgenden gehen. Die Lehren des Enneagramms beschreiben die *Drei geistig-emotionalen Säulen des Egos* jedoch als drei gleichwertige (oder besser: gleichunwertige) innere Bewegungen gegen die Realität. Drei innere Bewegungen eines Geistes, die allein für jeglichen Verlust an Realität verantwortlich sind. Diese geistigen Positionsverschiebungen beruhen auf dem Verlust und der daraus folgenden Fehldeutung einer *Heiligen Idee*[2]. Die Heiligen Ideen beschreiben im Enneagramm, (einer Lehre der Dreiheit der Manifestation, die sich in eine Neunheit entfaltet), neun Facetten der Wirklichkeit. Eine Wirklichkeit, wie sie ohne die eigenen Filter der Wahrnehmung aus sich selbst heraus einfach ist, eine ichlose Wirklichkeit, wie sie von aperspektivischen, transpersonalen Sehern erkannt, gelesen und gewusst wird (s. Abbildung 2). Diese drei geistigen Bewegungen in die Nichtrealität haben also einen geistigen Kern und eine emotionale Entsprechung, mit der sich die Trilogie der drei Bücher näher befasst:

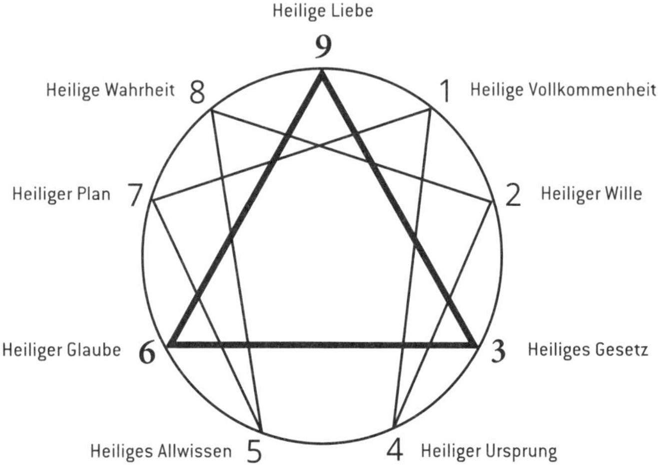

Abbildung 2:

Enneagramm der heiligen Ideen

Angst, Zorn und unerfüllte Liebe. Im Erkenntnissystem des Enneagramms handelt es sich folglich nicht einfach um wesentliche Emotionen, die für die Heilung der *conditio humana*[3] von großer Bedeutung sind, vielmehr verbirgt sich hinter diesen Begriffen ein zu entschlüsselndes geistig-emotionales System, eine größtenteils unterbewusste Ordnung, welche dem einfachen Menschen unbewusst und damit unzugänglich bleibt. Es ist dieses System, welches in seiner geistig-emotionalen Vernetzung wie Spinnenweben an bestimmten Knotenpunkten zusammengehalten wird und insgesamt die persönliche Bewegung in die Nichtrealität ausmacht. Der Einfachheit halber werden in den Büchern die Begriffe Angst, Zorn, unerfüllte Liebe verwendet, obwohl diese Begriffe ein komplexes und vielschichtiges System beschreiben, das zwar eine

Emotion gleichen Namens enthält, mit dieser aber nicht gleichzusetzen ist. Die Lehre über die *Drei geistig-emotionalen Säulen des Egos,* Angst, Zorn und unerfüllte Liebe, hebt diese drei Kräfte empor aus dem Reigen menschlicher Gefühle und gibt ihnen eine erhöhte Bedeutung auf dem Heilsweg des Menschen, unvergleichbar mit ebenfalls essentiellen Gefühlen, wie z.B. Schmerz, Trauer oder Freude. Diese können zwar in der subjektiven Erfahrung eines Menschen eine herausragende Rolle spielen, sind aber aus Sicht des Befreiungsweges von untergeordneter Bedeutung, während Angst, Zorn und unerfüllte Liebe große Heilungs-, will heißen Erkenntnisschlüssel des inneren Weges beschreiben. Selbstredend kann es sich bei der Liebe selbst um keine emotionale Säule des Egos handeln, und da die deutsche Sprache, anders als bei Angst oder Zorn, den gefälschten Zustand, die verfälschte Kraft nicht wirklich in einem Wort ausdrücken kann, finden wir in dieser Dreiheit die „unerfüllte Liebe", die in der persönlichen Realität des Wahrnehmenden allerdings häufig als die Liebe selbst in Erscheinung tritt, da er über die innewohnende Unerfülltheit lange getäuscht werden kann.

Die universelle Weisheitslehre, die Ewige Philosophie, beschreibe ich auch als ewige Hochzeit zweier vermeintlicher Kontrahenten, der *Philosophie des SEINS* und der *Philosophie des Werdens*[4]. In der zentralen Dreiheit des kosmischen Enneagramms ist die *Philosophie des Werdens* Punkt 3 zugeordnet. Hier geht es um die integrale Dynamik sich entfaltender Schöpferkraft, um die Gesetze ihres Wirkens in der Einheit ewigen Wandels (s. Abbildung 3). Die *Heilige Idee* an Punkt 3 heißt *Gesetz.* Das Gesetz der Selbstentfaltung, das Gesetz der Evolution. Das *Gesetz*

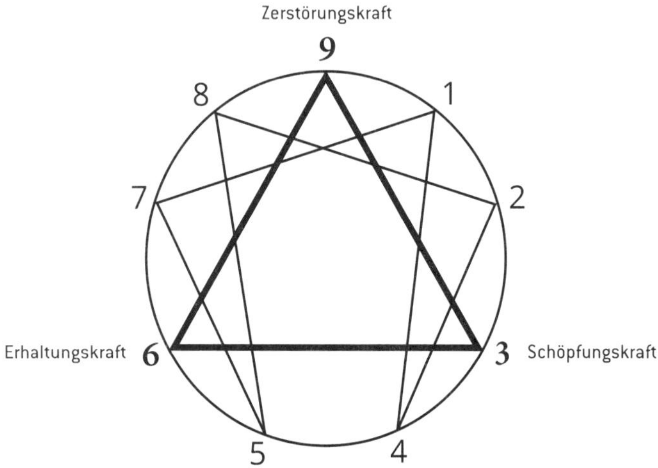

Abbildung 3:

Enneagramm der kosmischen Kräfte

beschreibt den *Großen Fluss*, ewig strömende und sich erneuernde Schöpfungskraft, immer mit der Quelle verbunden, ein Fluss, der sich ständig wandelt, der universellen Gesetzmäßigkeiten folgt, wie sie nicht vom denkenden Geist des Menschen bestimmt werden. A.H. Almaas, ein großer zeitgenössischer Enneagrammlehrer, definiert es in Kürze als „die Einheit allen Wandels", wir können das *Gesetz* auch als den „Wandel in Einheit" verstehen, also eine Einheit, welche sich in ihrer Manifestation beständig wandelt, ohne dabei die Einheit zu verlieren. „Es ist nicht so, als veränderten sich die Dinge im Einklang miteinander, sondern so, dass sich eine vollkommen einheitliche Masse bewegt, ohne die Möglichkeit, dass irgendeines seiner Teile seine eigene Richtung einschlägt oder sich unabhängig vom Rest verändert."[5]

„Go with the flow", so lautet eine meist nur verflacht verstandene Anweisung des inneren Weges, die immer noch eine getrennte Entität namens „Ich" annimmt, die sich in den *Großen Fluss* werfen und mitschwimmen könne. Eine Perspektive, die immerhin bereits die Macht besitzt, viele unnötige innere Kämpfe zu beenden und friedvolle Akzeptanz in gewissen Grenzen auszulösen imstande ist. Wer jedoch eins ist mit der *Heiligen Idee des Gesetzes*, der ist lediglich Zeuge eines großen, unpersönlichen Stromes, in dem es nichts Beständiges mehr gibt, außer dem ewigen Fluss selbst, ein kontinuierliches Sterben und Wiedergeborenwerden, welches darin geschieht. Das *Gesetz* an Punkt 3 des Enneagramms beschreibt im Kleinen den immerfort neu aus der Quelle entspringenden Fluss der *shakti*[6] im Menschen, die Dynamik und Selbstentfaltung des inneren Kreislaufs der Kraft, und hat daher einen besonderen Bezug zu seinem feinstofflichen Emotionalkörper; im Großen meint es die Evolution an sich.[7]

Ein Ich, das an diesem Ort fixiert ist, der durch die Perspektive des *Gesetzes* bestimmt wird, erfährt an diesem Punkt sein tiefstes Trauma, seinen vermeintlichen Ur-Verlust, fühlt sich aus diesem *Gesetz* herausgefallen und ist in Folge bestrebt, diesen Verlust auszugleichen, indem es sein eigenes Gesetz bildet. So wird der Archetyp des Magiers an Punkt 3, dessen Tugend ursprünglich die Ent-hüllungskraft war, im Ich zu einem Magier mit faustischem Pakt, dessen Tugend sich zur Ver-hüllungskraft verkehrt. Jeder Magier strebt nach eigener Größe und Macht. Hier spricht er: „Ich bin ein unabhängiges Einzelwesen. Ein unabhängig Handelnder. Ein selbständiger Schöpfer. Ich erstrebe erfolgreich meine eigene Entwicklung. Ich erschaffe mich selbst, immer wieder neu. Ich bin das Zentrum der Welt." Doch was sollte daran falsch sein? Beschreibt es nicht eine kraftvoll dynamische Perspektive individualisierten Lebens, in der jemand das Zepter in die eigene Hand nimmt, anstatt es anderen zu überlassen? Eigene Ziele verfolgt, anstatt sich als willfähriger Gehilfe dem Schicksal zu überlassen? „Kreiere das Leben, das du dir wünschst!" Oder: „Verwirkliche deine Träume!" Aussagen dieses Stils finden sich zuhauf in esoterischen und psychologischen Büchern, in Büchern, welche unter dem Überbegriff der „Lebenshilfe" eingeordnet werden und nicht mit „Spiritualität" verwechselt werden dürfen. Auch Motivationstrainer und Psychotherapeuten bestärken die Menschen in der Regel in dieser Perspektive auf ihre Selbstentfaltung, ohne die tieferen Zusammenhänge mittels *vertikalen Unterscheidungsvermögens*[8] einzusehen, denn es ist auch ihre eigene. Es ist nicht untertrieben, diese Perspektive als einen status quo, eine allgemein akzeptierte psychologische Übereinkunft der modernen individualisierten (Leistungs-)Gesellschaft zu betrachten, in deren Verständnis es keinerlei Unterscheidung zwischen Ich-Entwicklung und SELBST-Entwicklung gibt. Eine persönliche SELBST-Entwicklung existiert in der inneren Lehre nicht, aber es ist möglich, von einer Entwicklung im SELBST zu sprechen, was ein Quasisynonym für die Evolution des Bewusstseins im Menschen abgibt. Die Frage ist, ob diese Evolution des Bewusstseins durch ehrgeiziges, ichhaftes Streben tatsächlich beschleunigt wird, so wie sich ein an Punkt 3 (und an seinen beiden Flügeln Punkt 2 und 4) fixiertes naives Ich das vorstellt.

Seit der Mitte des letzten Jahrhunderts beobachten wir in der Welt aus Sicht des Enneagramms eine stetig zunehmende „Verdreierung“[9] durch überhöhte äußere Geschwindigkeit von Entwicklungsprozessen in der äußeren Welt durch allgemeine Überproduktivität, welche in Destruktivität umschlägt und eine Vermarktung der Seele durch die Geldwechsler, die den Tempel des SEINS zu einem Umschlagsplatz für Waren aller Art verkommen lassen.[10] Das *Heilige Gesetz* an Punkt 3 lehrt über das SEIN-in-Bewegung, ein Diesseits, welches vom SEIN-in Stille, einem Jenseits nicht getrennt ist. Meister der Meditation lehren ihre Schüler, die *Große Stille* mitten in der bewegten Welt zu erkennen. So schickte Sri Poonjaji[11] seine Schüler auf den Marktplatz, und das nicht nur im metaphorischen Sinne.[12] Wie wirklich ist die mit den körperlichen Augen gesehene, bewegte Welt? Kann eine Sinneswelt überhaupt unabhängig von den Sinnen des Sehenden existieren? Und ist es überhaupt die Welt, die sich bewegt? Zwei Zen-Schüler standen am Fuße eines Fahnenmastes und debattierten darüber, ob sich die Fahne bewege, oder ob sich der Wind bewege, als der Zen-Meister hinzutrat und sagte: „Es ist dein Geist, der sich bewegt“. In dem Moment wurde der Geist der Schüler still. Dass die bewegte Welt anhält, wenn der Geist anhält, ist das große Geheimnis des inneren Weges, welches im Denken des Geistes nicht erkannt werden kann. Dennoch fließt der *Große Fluss*, Gottes Schöpfung jenseits des menschlichen Geistes, die Evolution ent-wickelt sich unablässig, ohne Anfang, ohne Ende.

Die Charakterfixierung des Ichs an Punkt 3 des Enneagramms (mit seinen beiden Abwandlungen 2 und 4) verursacht ein ständiges Zuviel an produktiver innerer und äußerer Bewegungsenergie, nicht ausgewogen durch innere Regungslosigkeit. Das beschleunigte Fortschrittsstreben eines Ichs, welches immer in Bewegung bleibt, um sich weiterzuentwickeln, um etwas zu „werden", um sich zu verbessern und zu optimieren. Um seine selbstgesteckten Ziele zu erreichen. Um das Rad der Welt zu drehen, denn „das Rad der Welt dreht sich nur so lange, wie Ich es am Laufen halte". Gerät der Magier (der Archetyp an Punkt 3; vgl. dazu: diese Trilogie, 1. Band: <Angst>, Abb. 4, S. 50 und Abb. 5, S. 56) in die Hände des denkenden Geistes, so wird dieses Ich zum großen Zampano, der der Illusion erlegen ist, die Schöpferkraft entspringe seinem eigenen Willen, seiner eigenen Absicht. *Egozentrik* – die persönliche Perspektive, in der sich die Welt um das Ich dreht – ist eine weitverbreitete Weltsicht, fortgetragen aus einer infantilen, magischen Entwicklungsstufe des Menschen, doch keine geistige Struktur kann durch dieses Konzept treffender charakterisiert werden als jenes rastlose, Schöpfergott spielende Ich. Während der Geist an dem zentralen Punkt 3 sich die Egozentrik noch als gewinnbringende Tugend zu verkaufen vermag, versucht er in den beiden Derivaten Punkt 2 (Die Mutter) und Punkt 4 (Der Künstler) sie als imageschädigende Untugend wohl zu verbergen, sodass er mit Empörung oder Scham reagiert, wenn er darauf gestoßen wird.

Als Claudio Naranjo gefragt wurde, nach was diese Menschen wirklich streben würden, war seine Aussage, es ginge diesem Ich nur vorgeblich um ein Ziel, doch die eigentliche Verhaftung sei das Streben an sich, was auf die persönliche Identifikation mit Schöpferkraft zurückgeht. Es handelt sich zudem um eine schwerwiegende Fehldeutung, eine missbräuchliche Auslegung eines großen

Lehrsatzes auf dem inneren Weg: „Der Weg ist das Ziel.“ Die inneren Lehren würden für dieses egozentrische Streben einen anderen Begriff benutzen: Schlafwandeln. Hören wir folgenden Dialog zwischen einem Schüler und seinem Meister: Stolz kam der Schüler zu seinem Meister und sagte: „Du kannst mir gratulieren! Endlich habe ich eine Anstellung gefunden, die mir ein ausgezeichnetes Vorwärtskommen bietet.“ Nach einem Moment des Schweigens entgegnete der Meister traurig: „Du warst gestern ein Schlafwandler, du wandelst heute im Schlaf, und du wirst schlafwandeln, bis du stirbst. Was für eine Art von Vorwärtskommen ist das?“ „Es geht um das finanzielle Vorwärtskommen, nicht um geistliches Vorwärtskommen“, verteidigte sich der Schüler. „Ich verstehe. Ein Schlafwandler mit einem Bankkonto und dabei nicht aufgewacht, um sich zu freuen.“

Das Einschlafen des Bewusstseins ist die Basis eines jeden SEINSverlustes an Punkt 9 und es ist angemessen, alle anderen Egostrukturen als ausgehend von diesem ursprünglichen Einschlafen zu verstehen. Der Unterschied zwischen Punkt 9 (stellvertretend für die drei Zornfixierungen) und Punkt 3 (stellvertretend für die 3 Fixierungen in der unerfüllten Liebe) ist jedoch: An Punkt 9 schläft das Ego. Tief und fest. An Punkt 3 wandelt es im Schlaf. Dynamisch und immer in Aktion.

Ist diese innere Bewegungsenergie, die sich z.B. als Ehrgeiz, als Tatkraft und Kreativität äußern kann, getrennt von ihrem eigenen SEINSgrund, so geschieht im Bewusstsein dieses Menschen nicht nur eine Veräußerlichung in Form einer ständigen Bewegung in den Schein des Seins, eine grundlegende Veroberflächlichung seines Daseins, es kommt im Emotionalkörper dieses Menschen zu einer inneren Aushöhlung: Der Kern ist matt, die Schale glänzt. Das Interesse dieses Egos gilt dem Sichtbaren, dem Gesehen-werden, während das Innerste weniger von Interesse ist, „weil es ja doch niemand sieht". Diese innere Konstellation wird durch die Wirkweise der Leidenschaft der *Eitelkeit* näher beschrieben, ein Begriff, der seinem etymologischen Ursprung nach tatsächlich auch als „Hohlheit" übersetzt werden kann (s. auch S. 107 f.).

Die ständige Neuerschaffung und Aufrechterhaltung unerfüllter Wünsche ist ein unabdingbarer Bestandteil strebenden Lebens. In ihnen sieht dieses Ich das Vehikel seiner Verwirklichung. Wenn wir hingegen ein altes britisches Sprichwort ernst nehmen, kommen an dieser Verwirklichung Zweifel auf. Es heißt: *Wenn Wünsche Pferde wären, würden die Bettler reiten.* Der bewusste Anteil dieser unerfüllten Wunschwelten besteht 1. aus der Idee eines unerfüllten Istzustandes der Gegenwart, 2. aus der Idee eines erfüllten Sollzustandes, des ersehnten Zieles in der Zukunft und 3. in der zielstrebigen, leidenschaftlichen Überwindung der zeit-räumlichen Distanz, welche dazwischen liegt. Zutreffend ist das Bild des trabenden Esels, der eine vor seiner Nase hängende Karotte zu erhaschen versucht, die auf einem langen Stab auf seinem Rücken befestigt ist. Durch die Pendelbewegung der Karotte während des Strebens scheint das endgültige Ziel, die Vertilgung der Karotte – im übertragenen Sinne die endgültige Vereinigung mit dem Objekt der Begierde – immer wieder in greifbarer Nähe, doch begreift er nicht, der Esel, dass ein „Systemfehler" strategischer Unerreichbarkeit das Spiel am Laufen hält. Um zu verstehen, was die Karotte auf Distanz hält und eine ersehnte Vereinigung am Ende unmöglich macht, gilt es, das Wesen eines *Ideals* näher zu beleuchten. „Ideal“ ist eine Kurzform von „Idealbild“, ein vom denkenden Geist entworfenes Vor-Bild der Vollkommenheit, welches das zukünftige, angestrebte Paradies im Kleinen oder im Großen bis hin zum spirituellen Konzept der Erleuchtung abbildet. Die dem Idealbild innewohnende Unerreichbarkeit bildet den Mythos fernen Glücks, jenes „Fernweh“, welches den Strebenden beseelt und ihn beständig aus der erfüllten Gegenwart entfernt. Kaum ist er dem Idealbild ein Stück nähergekommen, berührt es gar für einen Augenblick, verändert es sich auf wundersame Weise und erscheint wieder in einer imaginären Zukunft, was vorerst hoffnungsfrohem Streben weiteren Auftrieb verleiht. Diese Betrachtungen geben einen Einblick in die Tragik sich verewigender Unerfülltheit, die sich auch auf seiner emotionalen Ebene als eine Verhaftung in der unerfüllten Liebe wiederfindet. Das im Abendland noch heute verbreitete Liebeskonzept der „romantischen Liebe“ hat seinen Wurzeln nach ein zunächst in der Verliebtheit kaum sichtbares, verdecktes Interesse an der Unerfülltheit.[13] Es stellt sich die Frage, ob es dem unerfüllten Strebenden tatsächlich und endgültig um Erfüllung geht, schließlich würde die Erfüllung nicht nur das Streben beenden, sie wäre auch das Ende des Schöpfungsmythos eines selbstkreierten Wunsch-Lebens. Erfüllung ist der Tod. Der Tod eines Ichs, welches durch die Identität des Strebens glaubt, lebendig zu bleiben.

„Bei der hektischen Erregtheit, mit der dieser Typus dem Erfolg, Prestige, oder Applaus nachjagt, und der damit verbundenen Unfähigkeit, eine Ruhepause einzulegen, um nach innen zu schauen, hat es den Anschein, wie wenn dieser Mensch sich ständig die typisch amerikanische Anweisung geben würde: „Steh nicht einfach herum. Tu was." Dies ist genau der Typ Mensch, dem gesagt werden muss: „Tu nicht einfach was. Steh herum."[14] Mit dieser lakonischen Anweisung, aus der Banalität des Alltags gerissen, beschreibt Claudio Naranjo jenen tiefgreifenden Todesmoment dieses ziel-strebigen Ichs, welches durch seine eigenen, selbstbestimmten Handlungen sein Glück und seine Erfüllung scheinbar in die eigene Hand genommen hat und glaubt, das Rad der Welt selbst drehen zu müssen. Eben dieser geistige Vorgang inklusive seiner Konsequenzen ist es, der in der östlichen Spiritualität als *Karma* bezeichnet wird. Es ist auch und gerade die Idee eigener Unabhängigkeit, insbesondere der Glaube an den unabhängig Handelnden, welche die Selbsttäuschung dieses Typs ausmacht. In Wirklichkeit werden diese drei Charakterfixierungen auf der weiblichen Seite des Enneagramms (3, 2 und 4) als diejenigen verstanden, auf die der Begriff „Abhängigkeit" am zutreffendsten ist. Auch wenn die Perspektive der Weisheitslehre letztendlich jede geistige Ich-Struktur, wie sie im *Enneagramm der Charakterfixierungen* in den Punkten 1-9 abgebildet wird, als „abhängig" titulieren würde. Paradoxerweise als „abhängig von sich selbst". Doch im Bewusstseinszustand des gewöhnlichen Menschen ist die Abhängigkeit nach außen projiziert und bezieht sich meist auf andere Menschen, Dinge oder Umstände. Durch die unerfüllte Liebe wird der emotionale Anteil dieser Abhängigkeit besonders deutlich, schwerer erkennbar ist die Abhängigkeit im unerfüllten Wunschstreben, weil die unerfüllten Wünsche als „meine eigenen" erscheinen und gerade deshalb als unabhängig von anderen Menschen. Diese Ichstrukturen werden auch als „Image-Fixierungen" bezeichnet, was zunächst darauf hindeutet, dass dieses Ich ein gesteigertes Interesse am eigenen „Image", an der eigenen Selbstdarstellung inne hat, was zu einer denkwürdigen Aufmerksamkeitsverlagerung im Geiste dieses Ichs führt: Das Ich beginnt, sich selbst durch die eingebildeten Augen eines anderen zu sehen. Während meiner Enneagramm-Ausbildung Ende der 80er Jahre bei Eli Jaxon-Bear beschrieb Eli die Situation eines imagefixierten Klavierspielers, einem Ennea-Typ 2. In sich selbst versunken, spielte er Klavier, als sich plötzlich die Tür öffnete und jemand den Raum betrat. In dem Augenblick verlagerte sich schlagartig seine Aufmerksamkeit und er begann, auf sich zu schauen – durch die Augen des Eingetretenen. Das veränderte die Art, wie er spielte, denn er spielte nun nicht mehr für sich selbst, aus sich selbst, sondern nurmehr in Darstellung seiner Selbst. Im besten Lichte dastehen zu wollen, das ist aus Sicht eines nach dem Geliebtwerden suchenden Ichs nicht verwunderlich und nur folgerichtig, auch wenn es zornige Gegenwehr im eigenen Geiste auslösen kann. „Der Gedanke „Wie wirke ich auf andere?" macht mich dermaßen wütend!", schrieb mir eine Imagefixierung in einem persönlichen Brief.

In einem viel grundlegenderen Sinne meint die „Imagefixierung" jedoch eine schwerwiegende Verwechslung im Bewusstsein dieser Menschen: die Verwechslung zwischen dem Selbst und einem Selbst-Bild (*image engl. inneres Bild*). Gefragt nach einer einfachen Definition von Selbsttäuschung würde ich genau das antworten: die

Unfähigkeit, zwischen dem Selbst und einem Selbstbild zu unterscheiden. Was grundlegend dazu führt, dass die Wirklichkeit überlagernde Bilder für die Wirklichkeit selbst gehalten werden. „Wir sehen die Dinge nicht so, wie sie sind, wir sehen die Dinge so, wie wir sind", schrieb die Schriftstellerin Anais Nin, einfach und elegant. Selbsttäuschung ist ein Tausch: Die Wirklichkeit wird durch ein Bild ausgetauscht, ein undurchsichtiger, magischer Vorgang von großer Effektivität. Oder einfacher: Selbsttäuschung ist die Identifikation mit einem selbsterschaffenen Selbstbild. (Womit indirekt nichts anderes ausgesagt ist, als dass das Ich nicht mehr als ein Bild ist – ein (falsches) Bild des Selbst.) Eine Schülerin, ein Ennea-Typ 3, schrieb mir in einem Brief: „Gerade bin ich im Schreck und Schmerz aus bewegenden Traumbildern erwacht. Es ging um Konkurrenz, Verlust und Zerstörung in der Liebe. Entstehen diese Bilder nur, weil ich zuvor an die schönen Bilder der menschlichen Liebe geglaubt habe? Dann sind Bilder die Wurzel allen Leidens. Es gibt kein Leid, wenn ich nicht nach Bildern greife. Sieg und Verlust sind Illusionen in der Welt der Täuschung."

Das angestrebte Selbstbild des strebenden Menschen ist das Idealbild. „Für-ein-Selbstbild-leben", das ist eine der Definitionen von Claudio Naranjo für die Leidenschaft der *Eitelkeit.*[15] An Punkt 3, dem Magier, dem die Eitelkeit zu Diensten ist, ist die Identifikation mit diesem Selbstbild perfekt. So perfekt, dass die Fixierung in der unerfüllten Liebe nicht mehr spürbar ist, denn wenn die Identifikation mit dem Idealbild erreicht wird, dann findet scheinbar auch das Geliebt-werden statt. Scheinbar deshalb, weil es auch nur das abgegebene eitle Bild ist, welches geliebt wird. Auch an Punkt 2, der Mutter, gelingt es, mittels der Leidenschaft des *Stolzes* noch, die Identifikation mit einem liebenden und herzensguten Menschen aufrechtzuerhalten und mit einer naiven Form der Selbstschmeichelei das selbsterzeugte Idealbild zu bedienen. „Sie wird erkennen, dass sie sich unablässig mit ihrem unendlich liebevollen und großzügigen Selbstbild vergleicht."[16] Doch sind hier bereits die ersten Risse erkennbar, welche durch die nicht mehr vollständig kompensierte unerfüllte Liebe verursacht werden: „Sie wird sich gewahr werden müssen, wie ihr Über-Ich sie ständig ablehnt, wenn sie dem grandiosen Image, dem sie seiner Meinung nach gerecht werde muss, nicht entspricht."[17] Der Künstler an Punkt 4 teilt mit den beiden anderen Imagefixierungen seine Verhaftung an einem Idealbild, doch ist seine angenommene Identität gewöhnlich die Schattenseite dieses Idealbildes, während ihm das Idealbild in projizierter Form begegnet, was in seinem Geist zu Vergleichen führt, die für ihn unvorteilhaft enden. Seine Todsünde, die Leidenschaft des *Neides*, von der Claudio Naranjo sagte, sie würde „einen selbstfrustrierenden Faktor" in der Psyche verankern, macht es ihm in der Regel unmöglich, die ungebrochene Identität des Idealbildes einzunehmen. „Sie hat das Selbstbild eines Menschen, dessen Hoffnungen sich nie erfüllen, dessen Wünsche niemals erfüllt werden."[18] Umso mehr tritt das bemühte, manchmal an Fanatismus grenzende Streben nach Selbstverbesserung auf den Plan, welches sich zudem häufig einen positiven, freudvollen Anschein ewigen Sonnenscheins auferlegt, um durch diese Form der Reaktionsbildung[19] der eigenen Melancholie „vorzubeugen", wie Sandra Maitri anmerkt. „Die Sonne lacht, auch wenn es regnet" – das zur Schau gestellte Glück der Eitelkeit.[20]

Im weiteren Sinne deutet diese Form der Persönlichkeitsverdrehung eines image-fixierten Ichs auf die grundlegende Tendenz zur Veroberflächlichung des Bewusstseins, zum Zug in den Schein des Seins bei gleichzeitiger Meidung der eigenen Untiefen, die vor sich selbst verborgen und in der Verdunkelung gehalten werden. Nur der Gefällige wird geliebt. Wenig gefällig in seinem sichtbaren Ausdruck ist die Kraft des Zornes, weshalb diese Kraft in einer Imagefixierung häufig in den Schatten gefallen ist. Ein zorniger Ausdruck lässt die Gesichtszüge entgleisen und eine offen zur Schau gestellte Hässlichkeit ist dem Gefälligen nur im Notfall erlaubt. Es ist diese gefällige Angepasstheit, die sich bis zum manifesten Betrug fortentwickeln kann, im *Enneagramm der Lügen* gibt A.H. Almaas an Punkt 3 den *Selbstbetrug* an, der selbstverständlich auch ein Betrug am Anderen ist. Er „hat das Gefühl, dass die Welt ein Theater ist, in dem jeder dem anderen etwas vormacht; natürlich erscheint diesem Typ die Vortäuschung als der einzige Weg zum Erfolg".[21] Sandra Maitri nennt in diesem Zusammenhang die Figur des „spin doctors", „was so viel wie Imageberater, Schönredner, oder Tatsachenverdreher heißt. Dessen Aufgabe ist es, eine schlechte Nachricht als eine gute zu verkaufen".[22] Für das Ego an Punkt 4, den Künstler, ist der *Schöngeist* eine passende Bezeichnung, ein Ich, das seine reduzierte Aufmerksamkeit auf die schönen Dinge des Lebens richtet, was, bezogen auf die eigene geistige Realität, mit einer verarmten Wahrnehmung für die Schattenwelt einhergeht, in der sich hässliche, geistige Schattenwesen tummeln können. „Nähe ist nicht für die Hässlichen", schrieb mir eine Schülerin, identifiziert mit Punkt 4. Solche Äußerungen legen Zeugnis eines im Ego wirkenden geistigen Prinzips ab: Es ist am stärksten mit dem identifiziert, was es ablehnt. Die Abtrennung vom Ursprung, der *Heiligen Idee* an Punkt 4, hat in diesem Ego zu einer Entfremdung vom dunklen Prinzip geführt. Damit sind nicht nur die „seelischen Abgründe" gemeint, sondern im weiteren Sinne die Tiefe der eigenen Seele an sich. Wer die inneren Untiefen meidet, der meidet auch die Tiefe an sich und verliert an innerer Substanz; dieser Mechanismus von Bewusstseinsverflachung geschieht in jedem imagefixierten, dem am Schein orientierten Ich.

Es ist eine Folge des Wirkens dieses auf Selbstdarstellung bedachten Ichs und ein weiterer Aspekt der erwähnten zunehmenden „Verdreierung" der Welt: Die Aufmerksamkeit ehrt den Wert der schönen Verpackung, während der Wert des Inhalts in den Hintergrund gedrängt wird. Verpackung aufbewahren, Inhalt wegwerfen: Die Selbstinszenierung der Persönlichkeit frisst die Seele. Gangaji, vor ihrer endgültigen Selbstrealisation auch an Punkt 4 des Enneagramms fixiert, beschreibt die Falschheit durch den ständigen Versuch der Anpassung an Bilder: „Mit jeder aufkommenden neuen Zeitströmung hatte ich mich bemüht, dem Idealbild dieser Zeit zu entsprechen, entweder wie ein Hippie auszusehen, oder spirituell, oder intellektuell, obwohl ich immer spürte, dass es nicht ganz echt war. Der Wahrheit kann man kein bestimmtes Aussehen geben. Die Wahrheit trägt keine Kleider, aber sie kann in goldene Gewänder gekleidet sein."[23]

Gelangt das imagefixierte Ich auf einen spirituellen Weg, verwechselt es den täuschenden Mechanismus seines Strebens nach eigenen Idealbildern anfänglich mit dem Gehen eines inneren Weges und hält die Karotte für die Erleuchtung. So schrieb mir eine Schülerin in einem Brief: „Es entstehen Ängste, die sagen: Ohne Selbstverbesserung überlebst du nicht. Ohne Selbstverbesserung gibt es nichts mehr zu tun. Es wird leer, irgendwie sinnlos. Ich muss zugeben, dass ich auch den inneren Weg aus der Motivation heraus, mich selbst zu verbessern, begonnen habe, zu gehen."[24]

Wir haben gesehen, dass das geistige System unerfüllter Wunschwelten nach Idealbildern strebt, welche de facto nie erreicht werden, weil das Idealbild in diesem System einer Fata Morgana in der Wüste gleicht: Kurz bevor der Durstige sie zu erreichen glaubt, löst sie sich auf, nur um in Bälde in der Distanz erneut zu erscheinen. Der Durstige, der danach strebt, seinen Durst in der Oase der Fata Morgana zu löschen, es ist ein perfektes Sinnbild für den unerfüllten Strebenden. Doch betrachten wir noch einen zweiten Aspekt, welcher die Selbsttäuschung vervollkommnet. Selbst die persönliche Realität des Imagefixierten, es handele sich um „meine eigenen Wünsche", ist fragwürdig, denn „das Image, das dieser Typ so perfekt zu erfüllen versucht, basiert auf dem, was <u>Andere</u> wertschätzen. Es ist kein persönliches, auf innere Werte oder [eigene] Ideale gründendes Image, sondern es basiert auf Werten und Idealen der Familie oder Kultur."[25] Oder der enttäuschten Rebellion dagegen (an Punkt 4), was lediglich zu einer Umkehrung der Selbstdarstellung führen kann, aber nicht zum tatsächlich „Eigenen", zum Innersten, dem Selbst. Die scheinbar persönlichen Ideale, ohne die die unerfüllten Wunschwelten nicht existieren könnten, sie sind ein konformistisches Substrat tradierter Werte, was allein schon das Selbstkonzept eines „unabhängig Handelnden" ad absurdum führt. Die eigenen Ideale des Imagefixierten, sie bestehen aus den Gedankenformen der geistigen Masse, die sich wie ein Schneeball im Schnee von Generation zu Generation fortwälzt und dabei ständig an Masse gewinnt. Aus diesem Grunde ist *Angepasstheit* generell eine zutreffende und auch tiefgreifende Beschreibung für eine Egofixierung in der unerfüllten Liebe, in der ein geistiger, generationsübergreifender Vorgang der Anpassung an die Normalität des Wahnsinns[26] geschieht.

Das folgende Märchen erzählt von einem bekannten Zauberer, der ein ganzes Königreich vernichten wollte. Er schüttete in den Brunnen, aus dem alle Einwohner des Landes tranken, einen Zaubertrank. Wer nun von dem Wasser trank, wurde verrückt. Am folgenden Tag tranken irgendwann alle Bewohner aus dem Brunnen und wurden alle verrückt. Nur der König und seine Familie hatten einen eigenen Brunnen. Der König war sehr besorgt um seine Untertanen und erließ eine Reihe von Gesetzen, die die Menschen in ihrer Verrücktheit schützen sollten. Da jedoch die Menschen alle von dem vergifteten Wasser getrunken hatten, hielten sie die Gesetze für absurd und gefährlich und beschlossen, ihnen nicht Folge zu leisten. Sie glaubten gar, der König sei verrückt geworden, derart sinnlose Gesetze zu erlassen. So sammelte sich vor dem Palast eine große Menschenmenge, die lauthals die Absetzung des Königs verlangte. Als sich die Situation zuspitzte, wurde der König, dem es sehr wichtig war, von seinem Volk geliebt zu werden, immer verzweifelter und wollte schon abtreten, als die Königin ihn zurückhielt und sagte: „Lass uns auch von dem Brunnen trinken. So werden wir genauso wie sie.“ So tranken also der König und seine Familie auch von dem vergifteten Brunnen und begannen, verrückte Dinge zu tun. Da beruhigten sich die Untertanen und wussten, dass mit ihrem König wieder alles in Ordnung war. Und der König regierte bis zu seinem Lebensende in Frieden und Harmonie.

„Wo sind die Weisen dieser Welt? Hat nicht Gott die Weisheit der Welt zur Torheit gemacht? Denn weil die Welt, umgeben von der Weisheit Gottes, Gott durch ihre Weisheit nicht erkannte, gefiel es Gott wohl, durch die Torheit der Predigt – selig zu machen, die daran glauben." (1. Korinther 1; 20,21) Ja, wo sind die Weisen? Die „Torheit der Predigt", das ist genau jener geistige Strom selbstbildformender Ideale, dem ein in der unerfüllten Liebe gefangenes Ich nacheifert. Der Bruch mit der Normalität des Wahnsinns der Masse, er verlangt von einem Menschen des Befreiungsweges die Bereitschaft zum bedingungslosen Alleinsein. Aus der Sicht des unerfüllten, beziehungssüchtigen Ichs bedeutet es die Bereitschaft für den Verlust von Beziehungen und den Fall aus der Herde. Aus der Sicht des *Inneren Lehrers* ist dieses Alleinsein an seiner inneren Wurzel nur durch eine anarchistische Denkweise zu realisieren, eine Denkweise, die radikal mit allen Idealen bricht, und aus dem Brechen von Idealen kein neues Ideal bildet. So kann es geschehen, dass aus der Leerheit des Augenblicks die unpersönlichen *Heiligen Ideen* in Wirkung treten, nicht die vom denkenden Geist selbst erschaffenen.

In dem Text „Wie entsteht Ideologie?" beschreibt der Wissenschaftsjournalist und Buchautor Stefan Klein u.a. einen Zusammenhang zwischen Konformismus des Ichs und dem Entstehen einer Ideologie. Er erzählt von folgendem Experiment: Wissenschaftler der schottischen St. Andrews Universität stellten 2007 Kindern und Schimpansen dieselbe Aufgabe. Es galt, einen Tresor voller Früchte zu öffnen. Der Behälter hatte Hebel und Schlösser, von denen alle außer einem wirkungslos waren. Der Versuchsleiter zeigte nun eine komplizierte Abfolge von Manipulationen am Tresor, die Kinder und die Schimpansen sahen zu. Dann machten sie nach, was sie beobachtet hatten. Sobald allerdings die Affen erkannten, dass ein einziger Hebeldruck genügte, um die Tür zu öffnen, ließen sie alle übrigen Handgriffe weg. Die Kinder dagegen blieben stur bei der unnötig aufwendigen Prozedur, die der Versuchsleiter ihnen beigebracht hatte. Dabei hatten selbstverständlich auch sie gesehen, dass es einfacher geht.[27] Wie kann es sein, dass ein Idealisierungsprozess durch geistige Imitation die Intelligenz des Augenblicks so stark überschattet? Offenbar ist das Selbstbild der Masse ein Grundpfeiler in der Ausformung des denkenden Geistes, der in der Imagefixierung, der Fixierung in der unerfüllten Liebe, nur durch seine Anpassung an gesellschaftliche Übereinkunft geliebt wird und deshalb wie ein Chamäleon seine eigene Färbung derjenigen der Umgebung anpasst.

Wie die Begrenztheit des konventionellen Geistes auf dem spirituellen Weg zu heilsbringender Absolutheit erhoben werden kann, davon handelt die folgende Geschichte: Eine Katze stört die Abendmeditation eines indischen Gurus im Tempel. Der Guru bindet sie daraufhin draußen an. Als der Guru stirbt, hält der Nachfolger daran fest, dass draußen eine Katze angebunden sein muss. Dann stirbt die Katze. Eine neue wird angeschafft. Gelehrte schreiben lange Aufsätze, warum eine angebundene Katze vor dem Tempel heilsnotwendig ist. Schließlich wird sogar die Abendmeditation abgeschafft. Doch die angebundene Katze, sie ist bis heute ein fester Bestandteil des religiösen Ritus in diesem Tempel.[28]

Der Bruch mit der Konvention, wie er in vielen Ego-Vertretern des Ennea-Typs 4 in ihrem Bemühen nach außergewöhnlicher Selbstinszenierung sichtbar wird, beschreibt noch keine Realität jenseits von Konvention. Ein weißes Schaf, welches sich schwarz anmalt, ist immer noch ein Schaf. Deshalb spricht Claudio Naranjo von der befreienden inneren Aufgabe des Imagefixierten, den „Gesichtsverlust" zu erleiden, „den es mit sich bringt, nicht mehr in den Spiegel der Gesellschaft zu blicken".[29] Dieser Gesichtsverlust ist nicht nur ein Ehrverlust im engeren Sinne, er ist ein Verlust der Maske, aller Masken, welche sich das Image-Ich aufsetzte, um das innere Loch der vermeintlich unerfüllten Liebe mit der Beziehung zu den „Anderen" und dem damit verbundenen Streben in der Welt zu füllen. Wenn der Spiegel nicht mehr „die Anderen" sind, das Ich sich abgeschminkt hat, um in der eigenen Nacktheit sich selbst anzuschauen, dann ist die langersehnte Erfüllung der Liebe nicht mehr fern.

Begehren und emotionalisierte Veräußerlichung

Unerfülltheit ist ein wesentlicher Bestandteil menschlichen Leidens im Allgemeinen und ein Kern des Realitätsverlustes von Imagefixierungen im Speziellen. Nachdem wir die geistige Kreation unerfüllten Strebens im

Mentalzentrum beleuchtet haben, wenden wir uns dem emotionalen Aspekt innerer Unerfülltheit zu, der „unerfüllten Liebe", jenem Loch im Emotionalzentrum des image-fixierten Ichs, welches in den Lehren des Enneagramms auch als „Emotionalfixierung" bezeichnet wird. Im natürlichen Sinne sprechen wir von „Herzmenschen", ein zunächst neutraler Begriff, der vereinfacht einen Menschen von außerordentlicher Emotionalkraft umschreibt, einen Menschen, für den die emotionale Wahrnehmung der Welt einen bedeutenden Zugang zu sich selbst darstellt. „Ich fühle mich selbst, also bin ich." Das Herzzentrum ist für ihn ein entscheidendes Eintrittstor und eine Verbindung in das Reich des SEINS, seine spezifische Form der Intelligenz wird *Intuition* genannt. Im *Enneagramm der Egostrukturen* wird aus dem „Herzmenschen" eine „Emotionalfixierung", was bedeutet, dass die ursprüngliche Intelligenz des Herzzentrums durch die Einwirkung des Egos besonders eingeschränkt, bzw. verzerrt wird. Dieser Mensch hat in seinem Herzzentrum eine „Fixierung", ein Begriff, der in einer doppelten Bedeutung zu verstehen ist: Das Herzzentrum ist der Ort, in dem sich Bewusstseinsverdunkelung fixiert hat, und zugleich ist es ein großes Eintrittstor für den Heilungsprozess. Die Emotionalfixierung hat eine emotionalisierte Wahrnehmung der Realität, d.h. ihre Wahrnehmung ist gewöhnlich von feinen emotionalen Schleiern überzogen und erfährt dadurch eine diffuse, eine verschwommene Note, die wiederum analytisch kompensiert werden kann (Ennea-Typ 4). Alles Wahrgenommene wird mit einer emotionalen Note künstlich gewürzt, das Gewöhnliche wird mit dem Hauch von Besonderheit versehen, da es sonst fade schmeckt, während der Zustand von Nüchternheit potentiell als emotionaler

Mangelzustand und „innere Trockenheit“ fehlgedeutet wird. Die der Klarheit nahestehende Nüchternheit muss im reifenden Menschen des inneren Weges erst als eine hohe Tugend, als wertvolle Grundlage für die Selbsterforschung und den Zugang zur Realität erkannt werden. Die emotional überlagerte Wahrnehmung hinterlässt im unbedarften Menschen mangels Unterscheidungskraft den Eindruck, er würde „fühlen“. Das führt zu der scheinbar paradoxen Lehraussage, dass den emotionalsten Menschen des Enneagramms auf dem inneren Weg die zentrale Aufgabe zukommt, wieder fühlen zu lernen. Emotionen und (essentielle) Gefühle sind auf dem inneren Weg, auf dem es grundsätzlich um die Unterscheidung zwischen zwei unterschiedlichen inneren Systemen geht, nicht mehr dasselbe. Wahre Gefühle sind die spontane Sprache und Ausdruck des Herzzentrums, welches im *Großen Kreislauf* in Diensten der Seele steht, während Emotionen „Konzeptgefühle“ des denkenden Geistes sind, Gefühle, die in eine vom denkenden Geist erschaffene Geschichte aus der Zeit eingewoben sind, bzw. von ihr erzeugt werden. In der Emotionalfixierung können wir Emotionen auch als die „Emotionen des Image“ bezeichnen, weil sie den Bildern des Selbst entspringen, nicht dem Selbst. Hass kann als die Umkehrung der Liebe verstanden werden, „falsche Liebe“ jedoch, im *Enneagramm der Egostrukturen* dem Ennea-Typ 2 zugeordnet[30], bezeichnet die Verwechslung von wahrer Herzensliebe mit einer Liebe, die von einem (idealisierten) Selbstbild erschaffen wird, genauso, wie sie sich auf ein Selbstbild richtet. „Die Liebe für das eigene Selbstbild“ ist, wie bereits erwähnt, eine Beschreibung für die *Eitelkeit*, der Leidenschaft des Ennea-Typ 3, des Muttertyps der Image-Fixierungen.

Der unwissende Betrachter würde an Punkt 3, der zentralen Emotionalfixierung, keinen emotionalen Menschen erkennen, weil sein Blick auf der Persönlichkeit, einer oberflächlichen Abwehrschicht gegen die tieferliegende Charakterfixierung, ruht, die hier einen betont rationalen, kühlen, glatten und emotionsarmen Eindruck hinterlassen kann. Die Verhaftung am Streben und die persönliche Identifikation mit Schöpferkraft führen hier zu einer überbordenden Außenproduktion, leistungsorientierte, effizient produzierende Handlungen in der Welt, welche die Emotionalkraft des Herzzentrums ausbeuten und in der Veräußerlichung verschwenden. Die zunehmende Ökonomisierung des gesamten Lebens, der *homo oeconomicus,* legt davon Zeugnis ab. Am Ende ist es doch nur die unerkannte Suche nach der Liebe, der Versuch, ihre innere Unerfülltheit am falschen Ort zu füllen. Die Liebe ist die Essenz dieser Emotionalkraft des Herzens, sodass es angemessen ist, an diesem Punkt von einer Ausbeutung der Liebe selbst zu sprechen. Die Liebe wird im emotionalfixierten Geist an Punkt 3, dem *homo oeconomicus,* zur Handelsware, sie kann besessen, vermarktet, eingetauscht und gehandelt werden, so wie alles andere auch, z.B. gegen Erfolg, Ruhm, Anerkennung, begehrte Dinge der materiellen Welt, oder einfach Geld – alles, was das angestrebte Idealbild des perfekten Scheins befriedigt. Der „Wert" der Liebe wird bemessen, was zu einem Verlust des „Selbstwertes" führt, der nicht mehr aus sich selbst heraus existiert. Auch wenn dieses Ich zu einem spirituellen Lehrer kommt (was ohnehin ein äußerst seltener Fall ist, denn der *homo oeconomicus* ist mit inneren und äußeren Geschäften völlig ausgelastet), wird es zuerst nach dem Wert fragen: „Was bringt mir das?" Als ein Zenmeister von einem seiner Schüler nach dem „Wert" des Zen gefragt wurde, antwortete er: „Der Kopf einer toten Katze".

Es handelt sich bei diesem Wertehandel um einen fortgesetzten, energetischen Vorgang der Veräußerlichung im Kreislauf der drei Gehirne[31] dieses Menschen, der im Herzzentrum einen Zustand der Entleerung hinterlässt. Die entstehende innere Hohlheit ist nicht metaphorisch gemeint, sondern beschreibt eine reale energetische Konstellation im feinstofflichen Körper dieses emotionalfixierten Ichs, Enneagrammlehrer sprechen von „plastic people" (s. auch Fußnote 20). Es ist dieses beständige Ausweichen vor dem Tiefenfühlen, welches zudem die natürliche emotionale Reifung des Herzzentrums unterbindet, sodass sich dieses Ego in einem erwachsenen Körper in einem infantilen, emotionalen Zustand befindet. „Immer, wenn ich Alkohol getrunken habe, fühle ich mich wie „drei und ein Keks", sagte mir einmal eine Bekannte, ein Ennea-Typ 3. Der Zusammenhang zwischen dem Verlust von Herzenskraft, authentischem Tiefenfühlen und der Erfüllung des Herzzentrums einerseits und strebender Veräußerlichung, der Suche nach Liebe in Objektbeziehungen andererseits, ist in allen drei Punkten (3, 2, 4) derselbe und eine wesentliche Perspektive auf die Aufrechterhaltung des Zustandes der unerfüllten Liebe, auch wenn sich die inneren Strategien erheblich unterscheiden können.

Das strebende Wunsch-Leben aus dem Mentalzentrum (3. Gehirn) wird im Emotionalzentrum (2. Gehirn) des Menschen zum *Begehren,* was in den Weisheitstraditionen übereinstimmend als eine der drei zentralen „Wurzelsünden", als eine der drei geistig-emotionalen Bewegungen des denkenden Geistes bezeichnet wird, welche allein für das menschliche Leben in der Nicht-Realität – und damit im Leiden – verantwortlich sind (jeder der vorliegenden drei Bände: „Angst", „Zorn" und „unerfüllte Liebe" ist einer dieser drei Bewegungen gewidmet). Dieses *Begehren* wird häufig ungenau mit „Begierde" gleichgesetzt. Beide teilen zwar die leidenschaftliche Hinbewegung bis zur Inbesitznahme des Objektes der Befriedigung, jedoch ist „Begierde" eine Abwandlung zu „Gier", die gemäß den Lehren des Enneagramms wiederum aus Angst entsteht. Begierde ist also der Mentalfixierung zugeordnet, während Begehren aus der Emotionalfixierung stammt.[32] *Begehren* und *gern* entspringen etymologisch dem gleichen Wortstamm, mhd. *beger* heißt auch Bitte. Gemeinsam ist diesen Begriffen eine augenscheinlich emotionalisierte Hinbewegung im Geiste eines Menschen. Eine Hinbewegung, die eigentlich eine Hinausbewegung ist.

In der indischen Philosophie geht das System der *kleshas* (Befleckung, Betrübnis, Leidenschaft, Kummer, Leid) auf den Gelehrten Patanjali, den „Vater des Yoga" und Verfasser des Yoga Sutras[33], dem „Leitfaden des Yogas", zurück, der vor ca. 2000 Jahren lebte. Unterschieden werden fünf wesentliche *kleshas,* doch möchte ich die Betrachtung auf eine zentrale Trias dieser Leidenschaften des Egos wenden, welches uns Aufschluss über die Bedeutung des *Begehrens* liefert:

1. Avidya: Ignoranz, oder falsches Wissen. Alles Leiden des Menschen, alle anderen *kleshas* entspringen aus *avidya.*
2. Raga: Vorliebe, Anhaftung am Schönen und Angenehmen

3. Dvesha: Abneigung, Vermeidung des Schmerzvollen, des Unangenehmen

Swami Sivananda (1887-1963), der Meister des *integralen Yoga,* beschreibt die zwei Tendenzen des Geistes, wie sie aus der Ignoranz entstehen, als bestimmend für die geistige Gefangenschaft und den Realitätsverlust des Menschen:

„Der Zug von rāgadveṣḥa. Die zwei Strömungen des Geistes – Zu- und Abneigung – bestimmen die Welt von Samsara.[34] Ein weltlicher Mensch ist Sklave dieser zwei mächtigen Strömungen. Er wird wie ein Strohhalm hin und her geschleudert. Er lächelt, wenn er Vergnügen erfährt; er weint, wenn er Schmerz erfährt. Er klammert sich an das Angenehme; er läuft vor Dingen davon, die Schmerz verursachen."

Eine der zentralen Anweisungen der Befreiungslehre lautet: Gib dein geistiges System, bestehend aus Vorlieben und Abneigungen, auf und werde eins mit Dem-Was-Ist. Dann bist du frei. ‚*The great way is not difficult for those, who don´t have any preferences.*' „Dieses Zitat eines buddhistischen Weisen ermöglichte mir in Momenten, in denen das Leid unaushaltbar erschien, alles einfach zu lassen, wie es war", schrieb mir eine Schülerin. Der in egoistischen Vorlieben und Abneigungen gefangene Mensch, er ist nie eins mit Dem-Was-Ist, weil ihm das geistige System die vollständige Wertschätzung der Erfahrung des gegenwärtigen Augenblicks versagt ist und ihn in eine „alternative Zeit" streben lässt, die ihn selbst dann noch besser zu unterhalten scheint, wenn die erzählte Geschichte sich leidvoll entfaltet. Dem Vergleich mit intensiven Emotionen vergangener Erinnerungen hält der schnöde Augenblick, in dem einfach zu tun ist, was zu tun ist, und zu lassen, was zu lassen ist, genausowenig stand wie dem Vergleich mit den paradiesischen Idealbildern der Zukunft. Die auf dem inneren Weg gelehrte hohe Tugend der Konzentration verlangt nach vollständiger Einkehr in den Augenblick „mit jeder Faser des Seins", was nur möglich ist, wenn jegliche geistige Abspaltung, jegliche geistig-emotionale Verschleierung, jegliches Wegstreben in die Zeit zu Ende kommt. Konzentration ist die Bedingung für die Erkenntniskraft des Augenblicks. Es ist die Vorstufe von – und der Eintritt in – Meditation.

Indische Weise betonten seit jeher eher das *Begehren* als Teil des Systems der Vorlieben, welches es zu überwinden gelte, doch ist diese Betonung Ausdruck des weltabgewandten Pfades, den die indische spirituelle Lehre seit Jahrtausenden beschreitet, z.B. Sri Aurobindo: „Mit dem wahren Bewusstsein bewusst zu werden, dafür ist es die erste Voraussetzung, sich vom Begehren zu befreien. Wenn sich das seelische Wesen im Vordergrund befindet, wird auch die Befreiung vom Begehren einfach. Das seelische Wesen als solches kennt keine Begierden, es kennt nur Suchen und Liebe für das Göttliche und alle Dinge, die sich zum Göttlichen hinwenden."[35] Jeder Mensch, der weiter geht, weiter als der Weg des verweltlichten Menschen, gelangt selbstverständlich zum weltabgewandten Weg, denn ein spiritueller Weg ist in seinem Wesen immer auch eine Abwendung von der Veräußerlichung und damit auch von der äußeren Sinneswelt. Doch in Indien hat es immer, genauso wie in der christlichen Tradition des Westens, nicht wenige

Sucher gegeben, die diese integrierte Welt*abkehr* mit Welt*abneigung* verwechselten und kein Bewusstsein darüber hatten, dass sie innerhalb der Wurzelsünde *ragadveshas* lediglich die Seiten gewechselt hatten. Es war wiederum Sri Aurobindo, der jenen Schülern, ebenso wie Lehrern des Weges, ein begrenztes Verständnis zubilligte, die einen Ein-Richtungspfad der Weltabgewandtheit gingen, einen Pfad, welcher die Schöpfung, das Diesseits, nicht integrierte: „Dann hat der Yogin etwa die Tendenz, sich aus dem allen gemeinsamen Dasein zurückzuziehen und verliert seinen Stand in ihm: Lieber will er einen Reichtum des Geistes erkaufen durch eine Verarmung in seinen menschlichen Betätigungen, also die innere Freiheit durch ein äußeres Absterben." In Wirklichkeit jedoch „ist alles Leben Yoga".[36] Eine Aussage über eine beschränkte Verwirklichung von Spiritualität, die für viele Geistliche, Theologen und Philosophen westlicher Tradition gleichermaßen zutreffend ist. (Wobei wir nicht vergessen sollten, dass diese Kritik in der entspiritualisierten Moderne westlicher Gesellschaften für kaum einen Menschen noch zutrifft. Für die Masse der Menschen gilt die Umkehrung: Äußere Freiheit durch ein inneres Absterben).

Das *Begehren,* dieses leidenschaftliche Verlangen, es ist ein Haben-Wollen, welches nach Vereinigung mit dem begehrten Objekt strebt, während es alle anderen Objekte ausschließt. Diese machtvolle Hinbewegung des Geistes führt in eine falsche Vereinigung – das Gegenteil mystischer Vereinigung – die *Identifikation.* Die innere Lehre versteht unter *Identifikation* einen unbewussten Akt der Einswerdung im Bewusstsein des Menschen, in dem das Subjekt, der Sehende, mit einem inneren oder äußeren

Objekt verschmilzt. Im *Enneagramm der Abwehrmechanismen* steht die *Identifikation* als eine der drei zentralen Abwehrmechanismen des Egos am Punkt 3. „*Identifikation* ist der innere Prozess, durch den wir Haltungen, Werte und Funktionen von anderen übernehmen und sie in unser eigenes Selbstgefühl eingliedern. *Identifikation* ist ein Abwehrmechanismus in dem Sinne, dass wir uns durch ihn gegen die Wahrheit über uns verteidigen ... Unsere innere Realität wird zu dem, womit sie sich identifiziert hat.“[37] Warum gibt es in einem von einem Diktator beherrschten und ausgebeuteten Volk so viele glühende Verehrer? Warum sind Partner auch dann noch „einer Meinung“, wenn sie tatsächlich beide lügen? Warum schützen Mütter Umtriebe des Egos ihrer Söhne? Warum verteidigen von ihren Vätern missbrauchte Töchter ihre Väter? Ich sah einmal ein eindrückliches Interview mit den erwachsenen Töchtern von Saddam Hussein, dem zu Fall gebrachten irakischen Diktator, ein Sadist und Ennea-Typ 8, der seine Töchter geschlagen und missbraucht hatte, in welchem sie ihren Vater gegen alle Anschuldigungen in Schutz nahmen und die Liebe zu ihrem Vater bekundeten. Das Geliebtwerden-wollen, nicht die Liebe, scheint in diesen Beispielen eine naheliegende Antwort für einen aus Herzenssicht schmerzhaft korrupten Vorgang zu sein, was auf eine Fixierung im System der unerfüllten Liebe hindeuten kann. Die tieferliegenden Antworten, welche erst dem Meditierenden und Selbstbeobachter gegeben werden, weisen jedoch alle auf einen dem gewöhnlichen Menschen zutiefst unbewussten Vorgang der *Identifikation*. Identifikation ist der Normalzustand des gewöhnlichen Menschen, für den der Hinweis eines spirituellen Lehrers, er würde sich mit dem Körper und mit dem Geist identifizieren, folglich bedeutungslos ist. Dieser unbewusste Verschmelzungsvorgang im Bewusstsein des Menschen geht, wie es in den oben genannten Beispielen indirekt vermittelt wird, mit einer starken Bewusstseinsbeschränkung, mit einer Verengung der Perspektive einher: Durch *Identifikation* verliert der Mensch den Zugang zur Realität.

Es ist die Verhaftung an *raga,* jener Geistesströmung, welche sich ständig in die Objektwelt hinein bewegt und dort immer etwas haben will, selbstverständlich das Schöne und das Angenehme, die scheinbar ein Loch in der Seele hinterlässt, die unerfüllte Liebe. Innere Unerfülltheit ist die Folge eines Griffs nach der Welt, von den unerfüllt Strebenden subjektiv häufig als „Lebenshunger", von Philosophen und inneren Lehrern als *Hedonismus*[38] und als *Immanenz*[39] (im Gegensatz zur *Transzendenz*) beschrieben. Der Gefangene von *ragadvesha* ist süchtig nach Erfahrungen, zunächst ist es die bewegte Sinneswelt, in der er glaubt, herumreisen und Erfahrungen an den schönsten Orten sammeln zu müssen, später auf dem inneren Weg sind es innere Erfahrungen, die er „haben" will, um sie sorgsam in seiner Erinnerungsschatulle aufzubewahren, „nur für mich allein". Es ist diese nicht abreißende Kette der Habenkultur der Erfahrungen, die ihn in die *hall of fame* dieser Welt streben lässt, um den diesseitigen Lohn in Empfang zu nehmen, „der mir zusteht". So kann der diesseitsverhaftete *Hedonist* genausowenig erkennen, was IST, wie der jenseitsverhaftete *Weltabstinenzler,* der die menschliche Inkarnation als Strafe Gottes betrachtet.

Eine der großen Verwechslungen des Befreiungsweges – die Verwechslung von Erleuchtung mit Erleuchtungs-Erfahrungen – ist die Folge des Weges der Anhaftung (auf beiden Seiten des Ufers), welche der Erfahrungssüchtige in *ragadvesha* geht.[40] Es ist die spirituelle Dimension des Verzichtes, die den Weg der Anhaftung des Diesseitsstrebenden beenden kann und die den inneren Menschen von der Glückseligkeit innerer Wenigkeit lehrt. „Jemand fragte den Meister nach dem Sinn dieser Lehre: ‚Der erleuchtete Mensch reist, ohne sich fortzubewegen', sagte der Meister. ‚Setz dich jeden Tag an dein Fenster und beobachte, wie die Szene in deinem Garten hinter dem Haus ständig wechselt, während die Erde dich auf ihrer Jahresreise rund um die Sonne trägt.'"[41]

Die Glückseligkeit des Verzichts

Oscar Ichazo (1931-2020), der große bolivianische Mystiker und Philosoph, dem der Westen wesentlich die Kenntnis des Enneagramms verdankt, beschrieb die Tugend der *Gelassenheit* als „emotionale Ruhe, … ein natürlicher Ausdruck der Ganzheit eines Menschen, der sich seiner Fähigkeiten sicher und völlig selbstgenügsam ist."[42] Die Selbstgenügsamkeit, ebenso wie die emotionale Ruhe, steht in direktem Gegensatz zur geistigen Welt des unerfüllten Wunschdenkens, die ein Streben nach (falscher) emotionaler Fülle beinhaltet, die emotionale Mitte jedoch beständig verfehlt. Ein schwerwiegendes Missverständnis des emotionalfixierten Menschen besteht darin, emotionalisierte Zustände, insbesondere solche von höherer Intensität, mit Lebendigkeit – ja mit dem Leben selbst – zu verwechseln, ohne die Unterscheidung zwischen geistig produzierten Emotionen und wahren Gefühlen zu bemühen. In ihrer „Wettertheorie der

Gefühle" (Anm. des Lektors: Der Begriff *Gefühle* steht hier für das, was OM *Emotionen* nennt.) lehrt Gangaji über die Bedeutungslosigkeit, ja Nichtigkeit von Emotionen, welche erst durch den Aberglauben des unwissenden Erfahrenden an Bedeutung gewinnen: „Wir verwenden viel Zeit und Energie darauf, Angst loszuwerden. Das ist abergläubisches Verhalten. Wir wollen uns von negativen Emotionen befreien, also haben wir ausgeklügelte psychologische oder meditative Techniken entwickelt, um mit ihnen zurechtzukommen. All diese Techniken beruhen auf dem Aberglauben, dass die Gefühle eine wirkliche, tiefe Bedeutung haben, anstatt sie einfach als unterschiedliche Wetterlagen zu betrachten."[43] Da Emotionen zudem der Egostruktur des Menschen entspringen, die ihrem Wesen nach oberflächlicher Natur ist, neigen Emotionen zur Veräußerlichung, zur Entladung, begleitet von einem geringen Bewusstseinsstand[44], oder sie werden im Dienste der Selbstdarstellung des Ichs benutzt. In jedem Fall dienen vom Geist produzierte Emotionen der Kontrolle von wahren Gefühlen. So schrieb mir eine Schülerin: „Es ist so, dass ich als Produzentin der Emotionen die Kontrolle über das Geschehen habe und sicher sein kann, dass ich nicht von echten Gefühlen überrollt und überschwemmt werde."[45] Emotionale Katharsis verursacht zwar subjektiv vorübergehende Erleichterung durch inneren Druckabbau, doch in Wahrheit versperrt sie den Zugang zum Herz der Gefühle, welcher nur durch stille Verinnerlichung gefunden werden kann. Diese Unterscheidungsschwäche kann auf dem inneren Weg dazu führen, dass mit Hochgefühlen einhergehende spirituelle Erfahrungen für „erleuchtungsnah" gehalten werden. In jedem Falle „erleuchteter" und „echter", als emotionsarme

Erfahrungen momentaner Gewöhnlichkeit. „Viele Menschen werden von ihren emotionalen Ausbrüchen abhängig, weil diese Ihnen neben einem schnellen High auch das Gefühl vermitteln, bei sich zu sein."[46] Das Finden der emotionalen Mitte ist für das emotionalfixierte Ich von großer heilerischer Bedeutung, sie eröffnet den Zugang zum Herzmenschen, jene wahre Wesensart, welche zum Vorschein kommt, wenn sich die emotionale Fixierung zu lösen beginnt. In dieser emotionalen Mitte findet der Herzmensch (und nicht nur er) emotionale Ruhe, Ausgeglichenheit, Gleichmut und die ersehnte Verankerung in der Seele.

Die Mitte zu finden, das kann als ein grundlegendes, ein großes Ziel aller inneren Wege für alle Menschen verstanden werden. Der innere Weg wird auch „der Weg der Mitte" genannt, ein Begriff, der besonders im Buddhismus häufig Verwendung findet.

„Als Buddha zu seiner spirituellen Suche aufbrach, führte er ein Leben voller Entbehrungen und strenger Askese. Eines Tages gingen zwei Musikanten an dem Baum vorüber, unter dem er meditierend saß. Einer sagte zum anderen: ‚Spann die Saiten deiner Sitar nicht zu fest, oder sie werden reißen. Und lass sie nicht zu locker hängen, denn dann kannst du darauf keine Musik machen. Halte dich an den mittleren Weg.' Diese Worte trafen den Buddha mit solcher Wucht, dass sie seinen Weg der Spiritualität grundlegend veränderten. Er war überzeugt, dass die Worte für sein Ohr bestimmt waren. Von dieser Minute an gab er alle strengen Grundsätze auf und begann einem Weg zu folgen, der leicht und hell war, den

Weg der Mäßigung. Und tatsächlich wird sein Zugang zur Erleuchtung der Mittlere Pfad genannt." (erzählt von Anthony de Mello)

Wer in der Mitte ruht, der ist verankert in der Seele, eingekehrt in sich selbst, in Frieden mit Dem-Was-Ist. Dieses Ruhen in der Mitte ist nur mit einer einzigen Form des Strebens vereinbar, die Sri Aurobindo „stilles Streben" nennt. „Strebe nach den Aspekten des göttlichen Bewusstseins, jedoch mit einem stillen und tiefen Streben. Es kann glühend und gleichzeitig still sein, jedoch nicht ungeduldig, rastlos oder voll rajasischem Eifer."[47]
Es ist zwar wohl etymologisch nicht ganz korrekt, *Meditation* auf *lat. medio* Mitte zurückzuführen, die Nähe ist dennoch unübersehbar und *Meditation* ist wahrlich „Der Zustand der inneren Mitte". In der Betrachtung des *Großen Kreislaufs* der drei Gehirne des Menschen unterscheiden wir jedoch mehrere Ebenen einer „Mitte", welche aufeinander aufbauen und gemeinsam die *Eine Mitte* öffnen, das wahre Wesen des Menschen. Die unterste Mitte, die Mitte des 1. Gehirns, das ist die Erdmitte des Menschen, japanisch das *Hara* genannt. In seinem Buch *Hara – Die Erdmitte des Menschen* verweist der deutsche Zenlehrer und Psychotherapeut Karlfried Graf Dürckheim (1896-1988) auf die Kopflastigkeit des westlichen Menschen, die ihn wanken lasse wie eine „umgekehrte Pyramide" und aus seiner Mitte bringe, wie auch auf die Bedeutung des Haras für die emotionale Mitte des Menschen, die Mitte des 2. Gehirns, des Herzzentrums. „Ohne Zulassen und Entwicklung des basalen Zentrums gibt es kein den Menschen in gültiger Weise verwandelndes Sich-Öffnen der oberen Zentren."[48]

Die emotionale Mitte ist die Herzensmitte des Menschen, eine innere Mitte, welche weit über die physische Mitte des basalen Zentrums hinausreicht. Dieses Tor zur Liebe wird seit jeher von Gottheitsmystikern, *bhakti*-Anhängern, liebestrunkenen Sufis besungen, bewacht und geehrt. Die Herzensmitte ist die Mitte des Menschen, gleichsam die Mitte – und damit auch die Verbindung – zwischen Körper und Geist. Das „Leib-Seele-Problem" ist nicht nur ein klassisches Problem theoretischer Philosophen, sondern auch ein wahrgenommener Dualismus eines jeden abendländischen Menschen, dessen Rationalität mit Formen der Abspaltung des Körperbewusstseins einhergeht.[49] Die Bewusstheit der Herzensmitte ist die heilsame Wiedervereinigung der vermeintlich auseinanderstrebenden Entitäten Körper und Geist, sie ent-deckt die Sprache des Herzens. Für den Herzmenschen ist das Finden dieser Herzensmitte von besonderer Bedeutung, weil ihm der *bhakti*-Weg, der Weg der Liebe und der Hingabe, in die Wiege gelegt wurde und die einzige Wahl seines freien Willens darin besteht, diesen Weg zu gehen oder ihn zu verweigern. Um diese Herzensmitte, seine innewohnende, stille Qualität des *ananda*[50] wieder zu öffnen, braucht es einen bewussten Verzicht auf Emotionen jeder Art, die sich allesamt um die vom denkenden Geist erzählte Geschichte von der unerfüllten Liebe ranken. Unterbleibt der Griff nach emotionalisierten Zuständen, deren Aufgabe darin bestand, das vermeintliche „Loch im Herzen" dadurch zu füllen, tritt zuerst dieses Loch als Empfindung von Leere im Herzzentrum ins Bewusstsein. Wenn der Herzmensch dann der Versuchung widersteht, diese Leere durch selbstproduzierte Emotionen wieder scheinaufzufüllen, sondern diese Leere gewahrt, so wird sich diese Leere von selbst füllen. Vielleicht zuerst durch Schmerz, am Ende wandelt sich jeder Prozess von Selbsterfüllung in die Liebe. Dieser Prozess der Selbsterfüllung des Herzmenschen kann auch als die natürliche Form des *Begehrens* verstanden werden, welches in die innere Vereinigung mit der Liebe mündet. Während das auf die Einverleibung von Objekten ausgerichtete, veräußerlichte Begehren in den Händen des Egos die Dualität nie zu überwinden vermochte, so kann natürliches Herzensbegehren die Einheit der Liebe erfahrbar machen, selbst dann, wenn es z.B. im körperlichen Zusammensein von Mann und Frau entfacht wird.

So geschieht es, dass der bewusste Verzicht auf Erfüllung das Tor zur Glückseligkeit des *ananda* öffnet. „Erfüllung ist für den Anfänger des Weges, Entleerung für den Fortgeschrittenen." Dieser Lehrsatz des inneren Weges verweist indirekt auf den Erfüllungsanspruch des Anfängers, der in letzter Konsequenz unter „Erleuchtung" die höchste Erfüllung versteht. Doch das gesamte Konzept von Erfüllung ist eine Erfindung unerfüllten Wunschdenkens. Nur ein einziger unerfüllter Wunsch vergiftet bereits das Gewahrsein des SELBST. Sri Poonjaji spricht: „Wie ein Honigtopf mit einem einzigen Tropfen Gift kein Honig ist, so ist Gewahrsein mit einem einzigen unerfüllten Wunsch kein GEWAHRSEIN."[51] Die wahre Erleuchtung des Herzmenschen, sie beginnt mit der Entleerung all seiner Wünsche nach Erfüllung. Und sie endet mit der Erfüllung seines leeren Geistes durch die LIEBE. Ist die Suche nach Erfüllung zu Ende, kann Erfüllung geschehen.

Ananda ist der Geschmack der Glückseligkeit reinen SEINS. In der Versunkenheit in *ananda* ist jede Sehnsucht gestillt und jeder Wunsch bereits erfüllt.

Darshan mit OM C. Parkin

Dialoge zum Thema Liebe

Beziehung

An der Weggabelung des Verliebt-Seins

F: Kannst Du etwas über die Liebe, also das Verliebt-Sein zwischen Mann und Frau sagen? Warum ist das alles so schwierig?

OM: Was ist deine persönliche Frage, die dahintersteckt?

F: Ja, wie geht man mit Schmerz um?

OM: Ist es deine Erfahrung, dass Verliebt-Sein und Schmerz miteinander einhergehen?

F: Ja.

OM: Der Schmerz kommt nicht vom Verliebt-Sein. Der Schmerz kommt von der Anhaftung an das, auf das sich das Verliebt-Sein richtet. Denn im Moment der Anhaftung entsteht unverzüglich die Angst, das Objekt der Anhaftung zu verlieren. Und dann kommt der Schmerz. Was das Verliebt-Sein so schwierig macht, ist die Vergessenheit. Die Vergessenheit deiner selbst. In dem Moment, in dem du dich verliebst, vergisst du dich.

F: Wie kann das sein?

OM: Verliebt-Sein und Liebe sind nicht dasselbe. Verliebt-Sein ist bereits der potentielle Zug der Liebe nach außen, in die Veräußerlichung, hin zu einem Objekt und damit zu der Verwechslung zwischen der Liebe selbst und einem Objekt der Liebe. Du verliebst dich in ein Objekt Mann, beschäftigst dich mit dem Objekt, hegst und pflegst das Objekt, bemutterst das Objekt, am Ende besitzt du das Objekt und nennst das Verliebt-Sein. Deine gesamte Aufmerksamkeit wird von dem geliebten Objekt absorbiert, während sie innerlich verloren geht. Das ist das Vergessen. Das ist nicht die Liebe, auch wenn der gewöhnliche Mensch dieses Geschehen immer noch „Liebe" nennt. Der innere Lehrer nennt es das konditionierte Verliebt-Sein des Geistes in sich selbst, in die Spiegelung seiner selbst.

Wenn Verliebt-Sein mit Vergessenheit deines wahren Selbst einhergeht, muss es Schmerz hervorbringen, weil es innere Trennung erzeugt. Trennungsangst ist ein Konzeptgefühl, welches in einem Zustand hervorgerufen wird, in dem innere Trennung bereits geschehen ist. Das Verliebt-Sein kann ein Eintrittstor in die Liebe selbst sein, meistens ist es in einem äußeren Menschen jedoch ein Eintrittstor ins Leiden. Der Verliebte steht an einer Weggabelung, der linke Pfad führt in die Veräußerlichung, der rechte in die Verinnerlichung. Der unbedarfte Mensch fühlt sich vom Verliebt-Sein berauscht und erliegt dem Rausch. Es ist der Zaubertrank, den Tristan und Isolde zu sich nehmen und der sie am Ende dazu verleitet, den Weg in den Tod zu gehen. „Weh euch, ihr habt vom Becher der Liebe und des Todes getrunken", spricht die Zofe Brangäne in der Erzählung, als sie erkennt, dass Tristan und Isolde aufgrund einer Verwechslung den Zaubertrunk leerten, der nicht für sie bestimmt war.

Die Menschen verlieben sich in Objekte, anstatt in das SELBST. Damit leugnen sie den wahren Geliebten, den inneren Geliebten. Dadurch wird das Verliebt-Sein zwischen Menschen nicht zu einem Tor in die Freiheit, sondern zu einem Tor ins Gefängnis.

F: Aber heißt das denn, ich darf keinen Mann mehr lieben?

OM: Das heißt es nicht. Denn die Liebe zum Mann spiegelt die Liebe zum inneren Geliebten, wenn sie nicht mit dem Vergessen einhergeht, welches durch die Unwissenheit hervorgerufen wird. Du kannst lernen, dich des Zaubertrunks zu enthalten, welcher dir vom Geist angeboten wird. Und so einfach zu lieben, anstatt dich zu beziehen. Es ist die Liebe selbst, die sich bezieht. Was ist überhaupt dein Motiv für Beziehung? Das Motiv für Beziehung ist immer der Mangel und die Weigerung, dich diesem Mangel wirklich zu stellen. Hinter dem Mangel verbirgt sich die Leere. An diesen inneren Nicht-Ort gelangen nur sehr wenige Menschen. Die Offenbarung dieses Nicht-Ortes ist das große Finale der Entleerung des Geistes. Nur ein entleerter Geist schmeckt wahre Freiheit. Liebe in Leere ist ein natürlicher Zustand der Seele. Verliebt-Sein kann dort hinführen, jedoch nur dann, wenn es in die Innerlichkeit führt, bzw. sie bewahrt, wenn du dich in einen Mann verliebst.

Verliebt-Sein ist in jedem Fall nur ein vorübergehender Zustand, die Flitterwochen der Liebe. Wenn das Verliebt-Sein sich wandelt, glauben viele, sie hätten die Liebe verloren, dabei steht sie gerade bevor.

ॐ

Liebesbeziehung und Alleinsein

F: Zurzeit kämpfe ich um meine Beziehung, meine Liebesbeziehung, und wenn ich die verliere, glaube ich verarmt und verloren zu sein; dann habe ich gar nichts mehr. Ich ahne, dass das nicht die Wahrheit ist. Kannst Du mir etwas über den wahren Wert einer Liebesbeziehung sagen?

OM: Was bedeutet es, wenn dir vom inneren Lehrer gesagt wird, du müsstest die Beziehung aufgegeben, wenn du frei sein willst? Die Vorstellung, eine „Beziehung" mit dem Liebespartner zu haben, beruht eigentlich nur darauf, dass beide etwas voneinander haben wollen. Ich will etwas von dir haben und du willst etwas von mir haben. Das heißt, eine Liebesbeziehung ist eine Haben-Beziehung. Sie dient der Haben-Kultur des Geistes. Eine Haben-Beziehung lebt in Formen der Verteidigung, des Selbstschutzes, der Selbstbehauptung. Sie lebt in Formen des aufflammenden Kampfes um die Macht über innere Ressourcen und Pfründe. Kein gewöhnlicher Mensch kennt eine Liebe ohne Liebes*beziehung*. Das, was er unter einer Liebesbeziehung versteht, ist in Wirklichkeit eine Haben-Beziehung, eine Haben-Beziehung, in der jeder etwas vom anderen haben will. Und wenn er das nicht kriegt, was er haben will, dann wird er wütend und klagt an. Oder er ist beleidigt. Und wenn er beleidigt ist, dann wird er traurig, und dann wird er auch darüber wieder wütend. Die Haben-Kultur der Liebesbeziehung wird von kindlichen Emotionen dominiert. Emotionen, die sich gegenseitig immer wieder selbst entfachen und auf diese Weise das Rad am Laufen halten.

Die Liebe zwischen Mann und Frau, die wirkliche Liebe, die im Einklang steht mit dem inneren Weg, dem Weg innerer Freiheit, ist keine Haben-Beziehung. Es ist eine SEINS-Beziehung. Stell dir vor, du befindest dich in einem gelösten Zustand, in dem du von ihm weder etwas abwehren musst noch etwas haben willst. Alles ist, was ist; und was nicht ist, ist nicht. Glaubst du wirklich, dass es noch irgendetwas gäbe, dass diesen Beziehungskämpfen, von denen du sprichst, irgendeine Nahrung bieten würde? Oder wäre da einfach nichts?

F: In letzter Zeit ist eine große Traurigkeit in mir, weil keine Person mehr da ist, mit der ich einen Austausch haben kann. Ich habe noch eine Bezugsperson, meine Schwester, und die ist jetzt dabei, den Körper zu verlassen. Ich kann mich an nichts mehr halten, es ist einfach nichts mehr da. Vielleicht kann ich die Traurigkeit nutzen, um in die Tiefe zu gehen?

OM: Angesichts des Todes und der Vergänglichkeit wird uns bewusst, dass wir allein sind. Wir waren schon immer allein, nur leider verbringen die meisten Menschen durch eine Fehlrichtung ihrer Aufmerksamkeit viel Zeit damit, dieses Alleinsein nicht zu fühlen. Sie füllen das Loch des Alleinseins mit Beziehungen zu anderen Menschen. Alleinsein heißt nicht, einsam zu sein. Die wahre

Bedeutung von Alleinsein ist, das Alleinsein mit mir selbst und damit das Alleinsein mit Gott zu erkennen. Das ist keine Glaubensangelegenheit, sondern vielmehr eine Angelegenheit direkter Erfahrung, die gemacht wird, wenn sich das Augenmerk zurückrichtet auf das Selbst, auf das Innerste des Inneren. Du warst schon immer allein, nur hast du das Wesen des Vergänglichen nicht vollständig im Bewusstsein zugelassen. Auch deine Aufmerksamkeit hat sich veräußerlicht und zu einem Teil in der Welt verloren. Jetzt spürst du einen Abschied. Und jeder, der sich verabschiedet, hat auch Trauer in sich. Aber Trauer ist kein Gefühl, das ins Leiden führen muss. Trauer ist ein Gefühl, das genauso in die Liebe und in das Bewusstsein führen kann wie das Gefühl der Freude oder der Liebe, es macht keinen Unterschied. In der Realität gibt es diese Unterscheidung zwischen negativen und positiven Gefühlen gar nicht. Das sind konzeptuelle Unterscheidungen, die dein denkender Geist getroffen hat. Deshalb kann alles, auch die Trauer des Abschieds, dazu dienen, in die Bewusstheit des Alleinseins zu führen, das Alleinsein mit Gott. Solange ein Mensch das nicht erkennen kann, solange er versucht, dieses Alleinsein zu füllen mit den Ablenkungen äußeren Lebens, solange ist ihm die Erkenntnis verwehrt. Die Wahrheit ist, die meisten Menschen versuchen das ein Leben lang. Und wenn dann am Ende dieses körperlichen Lebens ihre Vertrauten den Körper verlassen, die Freunde und die Verwandten immer weniger werden, dann drängt sich das auf, was sie schon längst hätten in ihrem Leben anerkennen können und müssen, nämlich dass sie allein sind. Jeder Mensch ist allein. Aber Alleinsein ist eben nicht das, was der Geist darunter versteht: abgeschnitten, isoliert, „keiner kann mir helfen", „keiner ist für mich da". Das ist ein kindliches Verstehen von Alleinsein, das Verstehen eines Kindes, das von seinen Eltern getrennt wird. Das gesunde Ich des Kindes erfährt Zusammensein als die Liebesbeziehung zu den Eltern, später zu den Freunden. Erst in der erwachsenen Reifung des inneren Menschen wird das Konzept von Alleinsein verwirklicht. Erforsche zunächst, auf welcher Referenz dein Verständnis von Alleinsein fußt und du wirst erkennen, dass es sich auf den Körper bezieht. Wenn der Körper allein ist, fühlst du dich allein. Gib die Referenz des Körpers auf, um wahres Alleinsein zu erkennen. Die vollständige Erkenntnis des Alleinseins ist das Beste, was dir passieren kann. Dazu muss jedes kindliche, isolierte und körperliche Verständnis genauso weichen wie jeder Versuch, dieses Alleinsein zu füllen mit Beziehungen, mit der Welt der Sinne. Es ist diese Verwirklichung des Alleinseins, die sich wandelt in das Koan „Das Zusammensein im Alleinsein, das Alleinsein im Zusammensein".

ॐ

Beziehungslose Beziehung

F: Kann man bewusst verliebt sein?

OM: Meine erste Antwort lautet „Nein". Der Zustand des Verliebtseins ist eigentlich seinem Wesen nach eine Annäherung an die Liebe selbst. Doch geschieht es den Menschen in diesem Zustand, dass aus Unwissenheit über das Wesen ihrer selbst sich die Annäherung umkehrt und sie nicht merken, wie sie sich im Zustand des Verliebtseins von der Liebe entfernen. Jeder Sog, jeder Strom, der dich aus der Ruhestatt deines Innersten nach außen treibt, entfernt dich von der Liebe. Das Liebesverhältnis zwischen Mann und Frau krankt an der Vorstellung, dass die Frau, weil sie selbst in der Körperwelt lebt – eine Welt, in der das Trennungsbewusstsein nie überwunden werden kann – glaubt, sich für die Liebe nach außen kehren zu müssen. Und der Mann tut nichts anderes. Die wirklich wesentliche Frage für dich als einen inneren Menschen, ein Mensch des inneren Weges, ist doch: Wie kann die Praxis der Selbsterinnerung mich lehren, dass der Zustand des Verliebtseins über den Spiegel meines Partners mich zurückführt nach innen? Jederzeit und unbeeindruckt von jeglichem Geschehen in der Welt im Innen zu verweilen und damit einen Zustand von Nähe mit Allem aufrechtzuerhalten, das ist dem gewöhnlichen Denken fremd. Der denkende Geist, der selbst die Dualität in seinem Denken niemals überwinden kann, lehrt dich, dass du in Beziehung treten musst, um Nähe zu erfahren. Wenn du jemanden im Dunkeln mit der Taschenlampe anleuchtest, so wird er erhellt, gelangt in die Sichtbarkeit und kommt dir somit näher. Diese Technik verliert dann jede Bedeutung, wenn die Sonne scheint und somit das Licht bereits an ist. Die Sonne steht für das Bewusstsein selbst. Das Bewusstsein ist von seiner Natur her adualistisch. Die Taschenlampe steht für das begrenzte Erleuchtungsinstrumentarium des denkenden Geistes. Niemand braucht mit Taschenlampen Objekte zu erleuchten, wenn die Sonne scheint.

Ich spreche über das Koan einer *beziehungslosen Beziehung*. Eine Liebe, die das Innen nicht verlässt, nicht für das Ego der Frau, nicht für das Ego des Mannes, nicht für das Ego des Kindes, für nichts in der Welt. Kannst du der Frau, die du liebst, nahe sein, ohne einen einzigen Schritt zu tun weg von dem, was du BIST? Ohne auch nur einen einzigen Schritt zu ihr hin zu tun? Diese Anweisung sprengt das lineare Denken. Ja, eine Frau zu lieben, ohne auch nur einen kleinen Finger zu reichen, geschweige denn die ganze Hand. Ist das möglich? Ist das überhaupt ein Zustand, der mit dem denkenden Verstand auch nur annähernd erfasst werden kann? Liebe kann nur einen Zustand der Nicht-Verlassenheit des Innen meinen. Doch die im Abendland verbreitete Kultur der romantischen Liebe[52] hat die Menschen etwas anderes gelehrt. Daraus folgt, dass du weitergehen musst, die Kultur der romantischen Liebe verlassen musst, um zu erkennen, was Liebe wirklich ist. So kann dich die *beziehungslose Beziehung* die Liebe zur Frau in Einheit deiner Selbst lehren.

ॐ

Das Verlassen der Herde

F: Wir haben über die Familie, über die Sippe, über die Ablösung von den Ahnen gesprochen, und da kommt mir jetzt die Frage, was ist, wenn dieses „nichts mehr wollen" geschehen ist, wie geht Beziehung dann weiter? Ist Beziehung dann auch zu Ende?

OM: Der innere Weg zeigt uns eine vollständig neue Perspektive auf das, was „Leben" ist. Dazu müssen wir die Fäden, die das Ich in die Welt gesponnen hat, alle trennen. Es sind Fäden, die aus der Perspektive des Ichs dazu angelegt waren, Nähe durch Beziehung herzustellen. Doch Beziehung beruht letztlich immer auf diesem

Verständnis davon, dass das Ich etwas von außen braucht, was es dann haben will. Doch ist es genau das, was es sich selbst nicht bereit ist zu geben. Dieser Griff nach außen, gelenkt von der Absicht, einen Mangel zu beheben, ist es, der eine Mangelwelt fixiert. Nehmen wir an, das vermeintlich äußere Objekt, z.B. eine bestimmte Tugend, eine Eigenschaft, eine Kraft, welche das Ich in einem anderen Menschen sieht, wäre innerlich bereits vorhanden und realisiert, dann wäre es nicht notwendig, dieses Konzept von Beziehung zu erschaffen. Am Ende von Beziehung erwartet das Ich Beziehungslosigkeit, ein Zustand von Vereinzelung, Isolation, von Ausgestoßenheit oder gar Verbannung. Beziehungslosigkeit ist eine Schreckensvision aus der Perspektive des Ichs.

Wahr ist, dass wenn ein innerer Mensch die Herde verlässt, ihre geistige Konvention genauso wie die Rebellion dagegen, wenn er innerlich aufsteht und bereit ist, weiter zu gehen als die Sippe gegangen ist, es dann sein kann, dass die Sippe ihn dafür ausstößt. Weder die Blutsfamilie im Kleinen, noch die gesamte westliche Gesellschaft der Moderne im Großen ist an Wahrheit interessiert.

Wahr ist aber auch, dass das kommende Geschehen unbekannt sein wird. Niemand kann wissen, wann sich in welchem Menschen die inneren Tore öffnen. Und vielleicht sind es diejenigen Menschen, von denen wir es am wenigsten erwartet hätten, die ein Leben lang stur, verschlossen und zurückweisend waren, in denen eine unvorhergesehene Öffnung geschieht, während andere, von denen wir annahmen, sie seien verständnisvoll, liebevoll und tolerant, sich als Heuchler erweisen. Wir sollten uns also davor hüten, Vorhersagen des denkenden Geistes durch Schreckensbilder zuzulassen. Die Wahrheit ist, wir wissen nicht, was geschieht.

Alles, was ich dir sagen kann, ist: Nimm in Kauf, dass eine „Beziehung" zu Ende geht, denn das ist auch der Wille des inneren Weges. Es gibt nur eine reale Beziehung, die der Selbsterforschung wirklich standhält, die keine Illusion ist, das ist die Beziehung zum SELBST. Der innere Weg ist der Weg der Beziehung zum SELBST. In der Beziehung zum SELBST ist Nähe zu Allem-was-ist.

Der innere Weg lehrt dich ein radikales Konzept von Alleinsein. Alleinsein ist ein Konzept, das nur ein erwachsener Mensch wirklich verstehen kann, und ich meine damit keinen erwachsenen Körper, sondern eine reife Seele. In der Verwirklichung des Alleinseins fließen Projektionen aus der geistigen Welt zurück nach innen. Eigentlich bedeutet Alleinsein Innerlichkeit. Allein mit dem SELBST. Es ist ein innerer Zustand, in dem all die Fäden, die ausgesponnen wurden in die Welt, um Beziehungen mit Objekten herzustellen, von denen das Ich irgendetwas haben will, wieder eingeholt werden.

Jedes Zusammensein mit einem geliebten Partner, ebenso wie mit einem geliebten Mitglied der Blutsfamilie, dient der Seele vollkommen nur unter der Bedingung, dass Alleinsein verwirklicht wurde. Sonst ist es eine „Beziehung", und sogenannte Beziehungen sind aus der Sicht eines inneren Lehrers Maßnahmen des Ichs, welches die ständige Anfüllung innerer Leere betreibt. Der Zustand von „Beziehung" ist deshalb kein Fundament des inneren

Weges. Es ist auch kein Fundament von Selbsterkenntnis, weil das Objekt der Beziehung in Wirklichkeit ein nicht realisiertes Objekt des eigenen Geistes ist. Mit jedem dieser ausgesponnenen, geistigen Fäden verlierst du an innerer Kraft. Über die unsichtbaren Fäden geistiger Projektionen leckt beständig Kraft nach außen. Sind diese Fäden erst einmal ausgesponnen, kommt es zu einer Kette weiterer Verstrickungen, die in der Realität des Verstrickten allesamt im Außen geschehen. Die Metapher der Katze, die mit dem Wollknäuel spielt und sich am Ende mit diesem Knäuel so verstrickt, dass sie sich nicht mehr bewegen kann, beschreibt die Gefangenschaft in „Beziehungen", die ursprünglich dem Ich dazu dienen sollten, sich zu verbinden, Nähe herzustellen und die Angst vor dem Alleinsein zu kompensieren. Dieser ständige Kraftverlust ist für einen gewöhnlichen Menschen nicht auffällig, genauso wenig wie die kompensierte Gefangenschaft durch „Beziehungen", weil es sein Normalzustand ist. Aber für einen inneren Menschen, der daran Interesse hat, in die REALITÄT zu erwachen, ist es sehr wesentlich, dass seine Erkenntnisfähigkeit zunimmt. Damit die geistige Kraft in einem Menschen zunimmt, muss der projizierte Geist zurückkehren. Gotteserkenntnis hat nichts mit religiösem Glauben zu tun. Die Erkenntnis des SELBST, des TAO, ZEN – sie hat viele Namen. Die inneren Lehren verstehen darunter die höchste Erkenntnis, die einem Menschen auf Erden zugänglich ist.

ॐ

Liebesbeziehung oder SEIN in Liebe

F: Eine Liebesbeziehung scheint mir das Schönste von der Welt zu sein, und doch ist sie voller Kummer und Schmerz. Sind wir zu zweit letztlich doch uneins?

OM: Was wir Beziehung nennen, ist ein dualistisches Konstrukt des denkenden Geistes, welches ihm vorgeblich dazu dient, Distanz in Nähe zu verwandeln. Menschliche Nähe ist wahrlich besser als menschliche Distanz, weil sie sich dem Einheitsbewusstsein annähert, in dem es kein Leiden mehr gibt. Die Wahrheit über das Konzept von Beziehung ist jedoch, dass sie die Dualität, d.h. die Trennung nie vollständig überwinden kann. Die Anziehung zwischen Mann und Frau geschieht in Liebe, und Liebe hat die Kraft, jegliches Trennungsbewusstsein aufzulösen. Wenn aus dem SEIN in Liebe jedoch die „Liebesbeziehung" wird, kehrt schleichend das Trennungsbewusstsein zurück, legt sich über die Liebe und verursacht Leiden. Diese Liebesbeziehung ist in Wirklichkeit keine Beziehung zwischen Mann und Frau, nur der Unwissende spricht so. In Wahrheit gibt es keine Beziehung zwischen Mann und Frau, es gibt nur ein Zusammensein. Wenn du glaubst, eine „Beziehung" zu haben, erforsche genau, wer mit wem oder was genau in „Beziehung" ist. Und du wirst finden, dass es sich bei dieser „Beziehung" um eine Beziehung zwischen Bildern der Frau und Bildern des Mannes handelt. Bilder, die dein Geist entworfen hat. Das Bild der Frau ist nicht die Frau und das Bild des Mannes ist nicht der Mann.

Wie können Mann und Frau wirklich zusammen sein? In Liebe stellt sich diese Frage nicht. Doch aus Sicht des inneren Weges kann dieses Zusammensein nur dann leidensfrei sein und der Befreiung der Seele dienen, wenn beide die Bereitschaft und auch die Reife haben, den inneren Weg zu gehen.

F: Ich bin dazu bereit, ich bin mir jedoch unsicher, ob mein Partner diesen Weg gehen will …

OM: Wenn du den inneren Weg gehst und bereit bist, konsequent das zu suchen und zu finden, was die einzige und tiefste Realität deiner Selbst ist, und dein Partner ist nicht dazu bereit, dann wird es mit großer Wahrscheinlichkeit früher oder später einen Bruch geben, der unausweichlich ist. Wenn nicht beide für sich selbst bereit sind, diese Priorität zu setzen – nämlich in Frieden zu sein und die Wahrheit zu finden –, und wenn die *gegenseitige* Unterstützung dieser Priorität nicht vorhanden ist, dann wird diese Verbindung scheitern, früher oder später, denn wenn nur einer der beiden Partner diese Priorität setzt, dann wird die Bewusstseinsentwicklung auseinanderdriften, denn ein Mensch, der keinen inneren Weg geht, entwickelt sich sehr langsam, oder gar nicht. Das heißt, auf dem inneren Weg sagen sich ein Mann und eine Frau, wir bleiben so lange zusammen, wie es diese erste Priorität unterstützt. Es hat nicht die erste Priorität für dich, mit einem Mann zusammen zu sein. Deine Priorität ist eine andere.

Siehst du, es gibt nur wenige Menschen, die diese vollkommene Priorität für sich gesetzt haben. Erst wenn du, und das ist eben diese letzte Konsequenz, aufhörst, dich zu beziehen, kannst du überhaupt zum ersten Mal mit einem Mann zusammen sein, wirklich zusammen sein. Zusammen sein als das Zusammensein mit dir Selbst. Erst dann bist du bereit und überhaupt in der Lage, in der Reflexion des Mannes dein eigenes Selbst zu erkennen. „Beziehung" ist eine Beziehung innerhalb deiner eigenen Einbildungen, deiner eigenen Denkkonstrukte über den Mann. Dein Ich glaubt, die „Beziehung" aufzugeben, bedeute Nähe aufzugeben, wahrscheinlich sogar, die Liebe zu verlieren. In Wahrheit bleibst du untrennbar in Liebe verbunden, wenn das Konzept von „Beziehung" endet.

ॐ

Liebe statt Beziehung

OM: Es gibt keine Beziehung zwischen Mann und Frau, es gibt die Liebe, aber keine Beziehung. Es ist dein denkender Geist, der sich auf den Mann bezieht, nicht du. Deine Be-Ziehung ist ein Hin- und Herziehen zwischen Annäherung und Abstoßung, zwischen dem Sich-hingeben-wollen, was keine Hingabe ist, weil es in Beziehung ist, und dann der Rebellion dagegen. Nähe und Distanz, das sind die Pole von Be-Ziehung, die ein veräußerlichtes Konzept ist.

Was mir in deinem Brief auffällt: Einerseits beobachtest du sehr klar, wie der Geist funktioniert, aber andererseits hast du dich emotional immer noch nicht gelöst von dem Glauben, dass du endlich die Zuwendung bekommen könntest von einem Mann, die dich dann glücklich macht. Der Geist hat versucht, gegen die Bedürftigkeit anzukämpfen und zu rebellieren: „Gut, dann verzichte ich eben!" Doch Rebellion ist meist nichts anderes als kindlicher Trotz, deshalb handelt es sich auch nicht um wirklichen Verzicht. Was ist Verzicht, wie er von den inneren Lehren gelehrt wird? Verzicht ist die Entbehrung des denkenden Geistes, seiner Geschichten mit all den Komplikationen, die diese Geschichte auslöst. Wenn der denkende Geist durch Be-Ziehung das Zusammensein zwischen Mann und Frau beherrscht, ist es kein einfaches Zusammensein mehr. Es wird kompliziert, die Komplikationen werden in die Be-Ziehung verlagert und die Erkenntnis, dass es nur um mich und meinen Geist geht, verliert sich im Labyrinth der äußeren Verstrickungen, die in Wirklichkeit innere sind. Verstrickung ist ein Quasisynonym für Beziehung.

F: Ist dann die Liebesbeziehung zwischen Mann und Frau eigentlich eine Liebesverstrickung?

OM: Es ist keine Verstrickung mit der Liebe, es ist unmöglich, sich mit wahrer Liebe zu verstricken. Es handelt sich um eine Verstrickung mit dem eigenen Geist, der aber nicht als eigener Geist erkannt wird. Mit ihm wird eine Beziehung eingegangen und ich halte das für ‚meinen Partner'. Mein Partner ist dann mein projizierter Geist.

Es gibt noch ein weiteres Quasi-Synonym für Beziehung: die Verbündung[53]. Die Begrenztheit eigener Perspektive des Geistes verbündet sich mit ebensolcher des Partners, und dieses Bündnis bildet eine Scheinharmonie (die an der sichtbaren Oberfläche durchaus zu Disharmonien führen kann). Ein psychologisches Konzept wie die ‚Co-Abhängigkeit' ist nur ein Aspekt davon.

Es ist für den einfachen Menschen praktisch unmöglich, mit einem Partner in Liebe ohne Beziehung zusammen zu sein, denn dieser unbewusste Sog in die Projektion ist viel zu stark. Das spielt für ihn jedoch keine Rolle, denn Beziehungen mit seinem eigenen Geist in der Welt sind sein Normalzustand. Ein Schüler des inneren Weges, der den Weg zu Ende gehen will, wird an den Punkt kommen, wo die Beziehung im Wege steht. Denn am Ende kannst du nur allein gehen.

Die gesamte Beziehung existiert nur in deinem Denken, und dieses Denken kann zur Ruhe kommen. Aber damit das Denken zur Ruhe kommen kann, musst du bereit sein zu fühlen. Dies ist ein sehr wesentlicher Zusammenhang in der Betrachtung innerer Disharmonie von Menschen, die der unerfüllten Liebe anhaften. Wenn du nicht bereit bist zu fühlen, und du weißt, dass es deine Tendenz ist, den Schmerz nicht zu fühlen, kann das Denken nicht zur Ruhe kommen, weil ein Großteil der Gedanken nur einem Zweck dient: dem Ausweichen vor dem Schmerz. Für eine Frau, die in der unerfüllten Liebe geistig verstrickt ist, scheint es zunächst äußerst schwierig zu sein, den hartnäckigen Glauben daran aufzugeben, dass sie tatsächlich Zuwendung ‚von außen' bekommen könnte, dass diese Zuwendung Liebe ist. Und dass sie diese Zuwendung braucht, um zu überleben. Der erste innere Schritt besteht darin, dieses Konzept des Geistes überhaupt wahrzunehmen, anstatt es mit weiteren Konzepten des Geistes zu spiritualisieren. Fühle die Bedürftigkeit, dann fühle den Schmerz aus diesem Glauben, dass Liebe von außen kommen muss, um (emotional) überleben zu können. Sieh das ganze Ausmaß dieses Konzeptes, es ist ein Lebenskonzept, ein Überlebenskonzept. Du glaubst an dieses Konzept, und du kannst es auch nicht durch Verstehen überwinden. Es gibt in einem reifen Schüler des inneren Weges die Möglichkeit des bewussten

Verzichts, welcher ein derartiges Glaubenskonstrukt zu Grabe trägt. Dann wird es einfach. Und dann ist die Nähe und Liebe zwischen Mann und Frau möglich. Eine Nähe, die in Wirklichkeit eine innere Nähe ist und keine Nähe durch Beziehung.

ॐ

Darstellung

Dar-Stellung ist nicht gleich Da-SEIN

F: Ich konnte in einem Moment einen Kraftstrom wahrnehmen, mit dem einherging so etwas wie Freude, und im nächsten Moment hatte sich ein Gedanke davon abgespalten. Ich konnte beides sehen, und es schien mir, als ob ich an der Stelle die Wahl hätte. Dieser abgespaltene Gedanke war: „Ich will nicht". Und meine Frage ist: Habe ich an dieser Stelle die Wahl und wenn ja … bin ich da?

OM: Wer spaltet?

F: Das konnte ich nicht sehen, es war auf einmal dieser Gedanke da. Es war, als wenn es wie ein Angebot war, das ich nehmen konnte oder nicht.

OM: Gibt es in dir jemanden, der ein Interesse daran hat zu spalten?

F: Ganz sicher, ja.

OM: Warum? Frage ich mal ganz scheinheilig.

F: Ja. Weil dieser Jemand jemand sein möchte.

OM: Was für ein Jemand möchte der denn sein?

F: Jemand, der was darstellt, der etwas ist, der da ist.

OM: Also Darstellung gleich Dasein?

F: Ja.

OM: Da ist eine gewisse Unschärfe in dieser Gleichsetzung.

F: Ja, das stimmt.

OM: Es heißt ja auch nicht Da-sein, sondern Dar-stellung. Also Darstellung gleich Dasein, dem könnte ich mit viel Wohlwollen noch folgen, aber Darstellung gleich Da-SEIN, dem folge ich nicht mehr.

F: Richtig.

OM: Wie kommt das zu so einer Unschärfe, dass Darstellung gleich Dasein war?

F: Ja, ich hab´, … ich hab´ nicht genau hingeschaut.

OM: Nun ist ja diese Ich-Realität der Selbstdarstellung ohnehin nicht daran interessiert, dass jemand innen anwesend beiwohnt, sondern diese Idee beruht darauf, dass es andere gibt, die von außen zuschauen. Innen, im Kern ist es leer, und von außen ernähren die Zuschauer die Hülle um den Kern. Dadurch wirkt die Hülle vital, aber der Kern ist schwach. Das beschreibt die inneren Verhältnisse als Konsequenz der Selbstdarstellung. Der Selbstdarsteller, der sich innerlich aushöhlt, lebt von den Zuschauern, die ihm am Ende seiner Vorstellung Applaus zukommen lassen – wenn es gut läuft. Wenn es schlechter läuft, kommen Buh-Rufe, Schmähungen. Was hat das mit Da-SEIN zu tun?

F: Nichts.

OM: Wenn du den inneren Weg gehst, lebst du nicht mehr für andere, sondern für das Selbst. Einen höheren Dienst am Wesen der „anderen" kann es nicht geben.

ॐ

Darstellungssucht – Imitation von Sein

OM: Deinem Ich ist immer wieder die Darstellung wichtiger, als das *Sein*. Das zeigt dieser Traum, den du in diesem Brief erzählst. Du begegnest dort im Untergeschoss eines Hauses, also in der Unterwelt, einem wilden Tier, welches grob und roh ist, aber auch als Schönheit beschrieben wird; es ist ein Symbol der Kundalinikraft. Plötzlich hörst du, wie oben im Obergeschoss viele Menschen kommen, du musst dieses Tier mitnehmen, und dann fangen die Schwierigkeiten an. Es geht jetzt darum: „Was könnten diese Menschen von ihm halten?" „Hoffentlich beißt es sie nicht." „Hoffentlich tut es nichts Unkontrollierbares, Unerwartetes." Warum kann ein Mensch der Wahrheit seiner Selbst nicht folgen? Die Weisheitslehre unterscheidet *die drei Säulen des Nicht-Selbst*, was bedeutet, dass das Ego des Menschen auf drei Füßen steht. Diese drei Säulen beschreiben die Hindernisse, die jeder Mensch zu überwinden hat, um frei zu sein. Eine jede dieser Säulen lässt sich in wenigen, zentralen Aussagen beschreiben. Und eine dieser ganz zentralen Aussagen ist: Er ist an seiner Darstellung mehr interessiert, als am *Sein*.

Eingebettet und scheinbar glaubwürdig wird die Darstellungssucht in dir in Rechtfertigungen wie: „ich möchte andere Menschen nicht verletzen“ oder: „ich möchte anderen Menschen nicht zu nahe treten“. Die Selbstdarstellung folgt Selbstbildern, welche deine wahre Natur verschleiern. In den Lehren des Enneagramms wird deutlich, dass die Selbstdarstellung ein zentrales Thema des weiblichen Egos ist. Schüler des Weges wissen, dass das weibliche Ego auch in Männern vorkommt und dass weibliches Ego nicht gleich Frau ist. Dennoch ist es wahr, dass vielen Frauen die Selbstdarstellung wichtiger ist als das *Sein*, was verständlich ist, weil das Ego vieler Frauen in der unerfüllten Liebe (im Enneagramm die Punkte 3, 2 und 4) fixiert ist und die unerfüllte Liebe zu Formen der vorgetäuschten Selbstdarstellung verleitet.

=>Das Ego der spirituellen Frau, die sich einem ernst zu nehmenden inneren Weg verschrieben hat, möchte dann gerne *Sein* darstellen. Und es kann tatsächlich sein, dass ihr das nur ansatzweise bewusst ist, dass sie auch hier zunächst einer zunehmend subtilen Verwechslung aufsitzt, durch eine Unterscheidungsschwäche zwischen spiritueller Darstellung und Spiritualität.

Wie sieht denn authentische Spiritualität aus? Wie stellt sie sich dar? Es ist die Frage, ob sie sich überhaupt darstellt.

Ich erinnere mich an eine Redaktionssitzung des *advaita-Journals*[54]: Es ging um die Frage: „Was ist spirituell?" Je tiefer die Redaktion in das Thema eintauchte, desto unklarer wurde, was überhaupt spirituell ist und wie sich Spiritualität in einem Menschen ausdrückt. „Ist eine geweihräucherte Wohnung ein Hinweis auf gelebte Spiritualität?" war eine Frage, an der sich die Auseinandersetzung entzündete. Was ist die Nahtstelle, an der ein religiöses Ritual zu einer spirituellen Darstellung wird? Es könnte sich auch um reine Imitation handeln, eine bloße Darstellung von Spiritualität. Es kann nicht um die perfekte Form gehen. Es kann nicht um die perfekte Art des Sitzens während der Meditation gehen. Es kann nicht um die perfekte Ausübung des Rituals gehen, nicht als Selbstzweck. Wenn Schüler diese Perfektion, die Strenge auferlegt bekommen, dann eigentlich nur, um den Geist zu disziplinieren, um ihn zu konzentrieren. Perfektes Sitzen in Meditation ist noch lange keine perfekte Meditation. Man kann perfekt sitzen und nicht meditieren. Man kann auch unperfekt sitzen und meditieren. Das heißt, wenn die Darstellung, die eigene Sucht nach Darstellung, nach Image, die wahre innere Absicht immer noch überlagert, dann kommt es zu Ersatzhandlungen, zu Ersatzspiritualität, zu Scheinheiligkeit. Es wird einleuchten, dass dargestellte Spiritualität keinerlei Hinweise gibt auf innere Spiritualität.

Also, bist du an spiritueller Darstellung interessiert? Ein Ich, das geliebt werden will, muss an spiritueller Darstellung interessiert sein. Das ist leider die zwangsläufige Folge daraus. Und um diesem Loch der Unerfülltheit zu begegnen, muss dieses Ich die Darstellung verbessern, es kann nicht einfach so auftreten, wie es ist. Es könnte sein, dass es hässlich ist, dass es unschöne Dinge tut, dass es auf eine Weise auffällig wird, die anderen potenziellen Liebeszuträgern nicht gefällt, woraufhin Liebesrückflüsse eingeschränkt oder ganz unterbunden werden. Wer in einer inneren Welt des Liebesmangels lebt, kann sich nicht erlauben, zu *sein*. Er muss an der ständigen Verbesserung seiner Darstellung arbeiten. Und tatsächlich kommt das doch der Vorstellung von Ich-Läuterung auf dem spirituellen Weg ziemlich nah, oder? Ich finde, es ist eine relativ gute Imitation der Idee von Ich-Läuterung. Doch im Prozess der Läuterung des Ichs wird das Ich schwächer, während das Herz stärker wird. Im Prozess der Selbstdarstellung, des Imageaufbaus des Ichs ist es genau umgekehrt. Auch dann noch, wenn es nach außen spirituell korrekt aussieht.

ॐ

Mut zur Hässlichkeit

F: Der Traum von einer Schlange löste in mir Ekel aus.

OM: Du hast es bisher im Wachbewusstsein gemieden, dich diesem Gefühl wirklich anzunähern. Deswegen war es dir bisher nicht vergönnt, dieses tiefe und intensive Gefühl für dich nutzen zu können – als Toröffner in das Unterbewusstsein. Dir war nicht bewusst, welche Pforte du da eigentlich verschließt. Hinter dem Ekel verbirgt sich eine ganze Welt. Es ist die Unterwelt, in ihr ist viel Lebenskraft gebunden. Welches Eintrittstor bewacht der Ekel eigentlich genau?

F: Ich glaube, es ist etwas Hässliches.

OM: Wenn du wissen willst, was dieser Ekel wirklich zu sagen hat, dann muss deine Aufmerksamkeit in einem bewussten Akt mitten in diesen Ekel hinein. Ekel ist der Eintritt in eine Welt von Hässlichkeit. Und eben dieses hässliche Antlitz deiner Selbst meidest du. Äußerlich gut dazustehen, dich äußerlich schön zu machen und ansprechend auszusehen, ist ganz natürlich. Die Selbstlüge beginnt dann, wenn die Hinwendung zur Schönheit dazu dienen soll, um eine Welt innerer Hässlichkeit zu verbergen. Du möchtest etwas über das wahre Wesen der Dinge wissen? Dann musst du auch bereit sein dafür, die Welt innerer Hässlichkeit vollends zu betreten. Sie existiert in dir, denn kein Ich ist ausschließlich schön. Am Ende bezeichnen die inneren Lehren das Ich als eine hässliche Gestalt. Besonders das Künstlerego, welches sich dem Schönen verschrieben hat, verfolgt eine schöngeistige Interpretation des inneren Weges, was im wahrsten Sinne des Wortes halbherzig ist. Die Erlangung der Unterscheidungskraft zwischen Schein und Sein ist die große innere Aufgabe für die am *Image* verhafteten Ich-Strukturen im *Enneagramm der Charakterfixierungen,* die ein Schein-Ich hervorbringen – ein durchaus mehrdeutiger Begriff.

Wenn dich wirklich interessiert, was *ist,* jenseits des Scheins, dann gibt es für dich keinen anderen Weg, als den schönen Schein aufzugeben. Nicht um sich dann im hässlichen Schein einzurichten, sondern um auch diesen zurückzulassen. Doch zunächst musst du die Seiten wechseln. Hast du vom Mut zur Hässlichkeit gehört? Er beschreibt den notwendigen Gesichtsverlust des Ichs. Besonders dann, wenn dein Ich viel investiert, um geliebt zu werden, braucht es den Mut zur Hässlichkeit, denn auf dem inneren Weg führt er dich tiefer nach innen. Die Wahrheit über die Hässlichkeit ist nicht identisch mit dem, was dich über Hässlichkeit gelehrt worden ist. Was dir jetzt hässlich vorkommt, könnte sich wandeln, wenn es mit den Augen des Herzens geschaut wird. So wie in dem Märchen „Die Schöne und das Biest".[55.]

F: Ich hatte bisher nicht den Mut, der Hässlichkeit ins Auge zu sehen. Und es ist gut, das jetzt so zu hören.

OM: Jedem schöngeistigen Wesen wird auf dem inneren Weg auch die Hässlichkeit vor Augen geführt. Auf diesem Weg der Ganzwerdung wird jede persönliche Präferenz, jede persönliche Vorliebe oder Abneigung aufgegeben, um sehen zu können, was *ist*. Die hohle Schönheit des Scheins ist eine Art der Schönheit, deren Aufgabe es ist, innere Hässlichkeit zu verbergen. Die wahre Schönheit verbirgt sich jedoch manchmal gerade hinter der Hässlichkeit des Scheins. Wer in Indien war, der weiß, wovon ich spreche.

ॐ

Eitelkeit

Ausdruck ohne Eitelkeit

F: Ich habe gar keine Frage, ich merke, ich möchte gerne Kontakt machen und mich hindert meine innere Stimme, die verlangt, dass ich erst eine wirklich gute Frage haben muss, ehe ich in Kontakt gehen kann. Das kenne ich so gut aus meinem Leben. Du hast vorhin gesagt, der Verstand schafft Trennung oder Distanz, und ich merke, wie diese innere Stimme ganz einfach nur Distanz herstellen will zu Dir. Das möchte ich jetzt einfach nur durchbrechen und es wagen, ohne Frage Kontakt zu machen.

OM: Der spirituelle Wartende krankt häufig an einem sehr hohen Ideal, das in seinem Geiste wohnt, und selbst wenn er dieses Ideal nicht in diese einfachen Worte kleidet, so gibt es in ihm dennoch diesen Satz: „Ich kann erst dann eine Frage stellen, wenn ich erleuchtet bin." Natürlich ist es eine Absurdität in sich selbst, und dennoch ist die Krux dieser Angelegenheit noch nicht wirklich zerschlagen. Unter „Erleuchtung" versteht er das Erreichen des Ideals seines eigenen Über-Ichs. Wenn wir diese Haltung genauer erforschen, dann finden wir versteckte Eitelkeit eines Ichs, das sich erst dann exponieren möchte, wenn es sicher sein kann, dem vollkommenen Ausdruck bereits ziemlich nahe gekommen zu sein. Oder sollte ich von der vollkommenen Außendarstellung sprechen, die spirituelle Anerkennung, spirituelles Lob, den Eintritt in die spirituelle *Hall of Fame* verspricht? Das ist spirituelle Eitelkeit, eigentlich ein Widerspruch in sich selbst, denn wahre Spiritualität und Eitelkeit schließen sich aus.

Der Weg, das Lernen, die Selbstentfaltung geschieht durch die ständige Bewusstwerdung von „Fehlern" des Ichs. „Fehler", das sind beschränkte Perspektiven. Sichtweisen, die zu entsprechend beschränkten Ausdrucksweisen und Verhaltensformen führen. Aber kann es denn ein Fehler sein, das auszudrücken, was ist? – Auch wenn eine höhere Perspektive mir mitteilt, dass ich nur annehme, dass es ist? – Wie kann es ein Fehler sein, das auszudrücken, was ist? Ist es nicht eine Lüge der Idealisierung dieses Geistes, der die Fehlerhaftigkeit anprangert, nach Makellosigkeit strebt, aber eigentlich zu eitel ist, um sich durch das Exponieren vermeintlicher Makel und menschlicher Unvollkommenheiten vom SEIN belehren zu lassen und dadurch einen Prozess zu fördern, den wir ‚lernen' nennen? Lernen ist auch ein Schleifprozess, in dem Reibungshitze erzeugt wird, die für jede Transformation notwendiger Bestandteil ist. Auf diese Weise entfaltet sich der höchste Erfahrungs- und Erkenntnisweg, den wir den *inneren Weg* nennen. Ich kann so weit gehen, zu sagen: Der Fehler des Ichs liegt in seiner Fehlerlosigkeit. Das Ich an sich ist bereits ein Fehler, und ein Fehler kann nicht fehlerlos werden. Das Über-Ich wird diese Aussage der Weisheitslehre missverstehen. Ich meine damit, dass das, was die Menschen als ihr „Ich" verstehen, lediglich eine begrenzte Perspektive beschreibt. Nicht nur eine begrenzte, sondern eine nicht-reale. Die Idee, dieses Ich könne den Zustand von Fehlerlosigkeit erreichen, ist eine Täuschung, welche der Eitelkeit entspringt, genauso, wie sie Eitelkeit hervorruft. Aus den Augen der Eitelkeit halten Fehler ihr das eigene Versagen vor Augen, was ja ironischerweise auch noch wahr ist, aber diese Reflexion ist der Eitelkeit selbst nicht möglich.

Ich lehre die Selbsterforschung[56] als eine innere Praxis, welche der Realitätsfindung eines Menschen dient. Eine Bedingung dafür, die Praxis ausüben zu können, ist jedoch die, dass ihr Ausgangspunkt dieser Augenblick und die diesem Augenblick innewohnende Manifestation ist. Selbsterforschung kann nicht von einem idealisierten Zustand einer imaginierten Zukunft ausgehen. Es braucht also ein urteilsfreies Zulassen dessen, was in diesem Moment ist, auch wenn es sich um einen unfertigen, begrenzten und mit Makeln behafteten Zustand handelt. Realität wird erfahren durch die bedingungslose Annahme Dessen-was-ist. Realität ist *Das-was-ist.*

F: Das-was-ist in diesem Moment ist aber doch noch nicht ‚Das-was-IST' …?

OM: Das ist wahr. Dennoch müssen wir erst einmal fragen: Wer maßt sich an, darüber ein Urteil zu bilden, dass nicht sein darf, was in diesem Moment ist? Der Fehler liegt nicht in der Begrenztheit und dem Makel, der zum Vorschein kommt in einer begrenzten Form des Ausdrucks oder des Eindrucks, der Fehler liegt darin, dass diese begrenzte Realität mit der REALITÄT verwechselt wird, also für absolut und wahr gehalten wird. Das ist tatsächlich ein Fehler. Kein Fehler ist es hingegen, den vermeintlichen Makel, der durch den Geist dieses Augenblicks zum Ausdruck kommt, auszudrücken. Ganz im Gegenteil. Dieser Ausdruck kann einen entscheidenden Beitrag zu einem Erkenntnisprozess leisten, er kann für das Seelenheil von Bedeutung sein. Insbesondere bezogen auf Emotionen ist diese Heilswirkung zu nennen. Nehmen wir den einfachen Satz: „Ich habe Angst, ich wollte das nur ausdrücken." Ein Ausdruck von innerer Größe, den wir nicht von vielen Menschen hören, und der selbst noch vielen inneren Menschen schwerfällt. Gut. Wir sind es nicht gewohnt, etwas auszudrücken, ohne Berechnung, ohne Anpassung oder Rebellion, ohne dass damit irgendetwas geschehen muss. Es ist da und es wird ausgedrückt und sonst nichts. „Ich wollte Kontakt machen, ich wollte das ausdrücken, ich wollte nichts weiter sagen, danke."

Das reicht doch. Das ist Ausdruck eines inneren Menschen, Ausdruck ohne Eitelkeit.

ॐ

Die zwei Seiten der Eitelkeit

F: „Nimm dich nicht so wichtig" – dieser Satz taucht in mir immer wieder auf. Ein weiterer Satz: „Erst alle anderen, dann du noch lange nicht!" Ich spüre, dass da etwas nicht stimmt und möchte Dich um Hilfe bitten, da genauer hinzuschauen.

OM: Die gebetsmühlenartig wiederholte Vorstellung des frommen Über-Ichs, die Anliegen anderer Menschen seien wichtiger als die eigenen, ist nichts anderes als reine Eitelkeit. Es ist umgekehrte Eitelkeit. Eitelkeit, die sich von ihrer anderen Seite zeigt. Die meisten Menschen kennen, wenn überhaupt, nur die eine Seite und wissen nichts von ihrer umgekehrten Seite. Sie kennen lediglich ihre Glanzseite, die sich zur Schau stellt, um sich in ihrem eigenen Glanz zu bewundern. Dieses ausgeprägte Interesse an der Hervorhebung eigenen Scheins ist allseits bekannt. Während das eitle Auftreten in der Betonung des Unscheinbaren die Eitelkeit scheinbar in weite Ferne rückt. Das auffällig-unauffällige Beharren darauf, als unwichtig zu erscheinen, nicht im Vordergrund zu stehen, niemals in der Mitte der Aufmerksamkeit, niemals mittendrin, sondern nebenan und nebenbei, bescheiden in der hintersten Reihe sitzend – all das ist die Selbstdarstellung umgekehrter Eitelkeit. So gibt es also die zwei Arten der Eitlen: Die Schein-baren und die Un-Scheinbaren. Womöglich gehörst du auch zu denen, die bisher glauben wollten, die Eitelkeit hätte nur eine Seite, weil sie sich selbst auf der Seite der Un-Schein-baren identifizieren?

F: Ja!

OM: Dass die angeblich so Bedeutungsarmen, die großen Wert darauf legen, sich aus dem Schein zu entfernen, dass das die verhinderten Eitlen, die verborgenen Eitlen sind, die sich ihre eigene Eitelkeit nicht eingestehen – wer hätte das gedacht? Die Un-schein-baren, deren Anliegen derartig unwichtig sind in dieser Welt. Doch lass uns diesen Moment innerer Verzögerung deines wahren Anliegens genauer betrachten, denn es geht hier um das wahre Anliegen deiner Seele. An diesem Punkt stehst du an der Weggabelung, wo du aus der Realität auf den Weg der Nicht-Realität abbiegst – durch Verzögerung.

Ein Anliegen steigt aus den tiefsten Tiefen deiner Seele auf, es möchte ins Bewusstsein treten, doch auf diesem Weg nach oben tritt plötzlich ein bremsender Impuls auf. Eine leichte Bremsung wird vorgenommen – von wem? – und der Impuls verlangsamt sich auf seinem Weg ins Bewusstsein. Du schreibst: „Ich konnte beobachten, ab dann wurde es schräg." Was ja eine laxe Ausdrucksweise ist dafür, dass du den rechten Weg verlassen hast und damit die Realität. Ab dem Moment beschreibst du, dass Zweifel dich beherrschten, welche dir jeglichen Bezug zu dir selbst raubten. Du konntest nicht mehr zwischen deinen Anliegen und denen der Anderen unterscheiden, wusstest nicht mehr, was du fühlst und wem oder was du überhaupt noch trauen konntest …

Mit anderen Worten: eine Hölle tat sich auf! Die Hölle ist ein Synonym für den Ort des Nicht-Seins. All das können wir zurückführen auf einen alles entscheidenden Moment innerer Verzögerung eines Seelenimpulses. Das ist die Wirkung umgekehrter Eitelkeit! Dieser kleine Eingriff kann bewirken, dass jemand, der die falsche Abbiegung genommen hat, lange auf der schiefen Bahn wandelt. Eine Bahn, auf der alles „schräg" ist. Ganze Welten entstehen auf dieser Bahn und alles nur aufgrund eines einzigen Momentes von Verzögerung …

F: Also es hat auch etwas Gutes, das so klar zu sehen, was für Konsequenzen daraus entstehen. Ich bin dankbar …

OM: Nimm im entscheidenden Moment den Fuß von der Bremse und lass den Impuls durchgehen. Es braucht dann keine Entscheidung für den rechten Weg mehr, denn der Seelenimpuls ist immer auf dem rechten Weg.

ॐ

Eitelkeit – die Spannung der ‚Ballonhülle' des Ich

F: OM, in mir ist die Frage: Gibt es ohne Eitelkeit überhaupt Angst?

OM: Das ist eine gute Frage. Eitelkeit ist jene Kraft, welche die Oberflächenspannung der Hülle des Ich-Ballons aufrechterhält und achtgibt, dass diese Hülle nicht platzt …

F: … und wenn diese Hülle platzen darf, dann gibt es auch keine Angst mehr?

OM: Die Angst ist ebenfalls eine Form der Gegenwehr, die notwendig ist, um dazu beizutragen, dass die Hülle nicht platzt. Wenn das Ich Luft ist und es keinen Ballon mehr gibt, der irgendwohin fliegen muss, wenn es auch keinen Ballonkorb mehr gibt, der abstürzen könnte, wenn das Ich einfach nur zu dem geworden ist, *was ist*, wenn es nicht unterschieden ist von dem, *was ist*, wer könnte dann noch Angst haben? Also sind Angst und Eitelkeit Geschwister, die gemeinsam dafür sorgen, dass die Ich-Hülle nicht zerstört wird – Geschwister, die aufeinander angewiesen sind. Nehmen wir ein Beispiel, welches das gut illustriert. Eine der großen Ängste, denen wir begegnen, ist die Angst, es nicht zu schaffen, die Angst, überfordert zu sein, oder die Angst zu versagen. Alles dieselbe Angst, hinter der ein Ich-Anspruch von „ich muss es schaffen" steht. Doch dieser Gedanke ist nicht frei von Eitelkeit, die das Ich schmücken möchte, um am Ende sagen zu können: „Seht her, ich habe es gemacht, ich habe es geschafft, ich habe es erschaffen". Dieser Anspruch erzeugt als Folge Angst und darunter Schuld, was dir einleuchten wird.

Finde heraus, aus was die Ballonhülle deines Ichs zusammengesetzt ist. Nur das konsequente Gehen des inneren Weges hat die Kraft, diese Hülle zum Platzen zu bringen. Wenn diese Hülle platzt, dann ist der Mensch frei von Leiden.

ॐ

Narzisstische Vorstellung von Intimität

F: Ich möchte mich mitteilen mit dem, was ich festhalte, und zwar ist es die Grenze, die ich in mir immer wieder ziehe im Kontakt mit Menschen. Ich lasse niemanden an dieser Grenze vorbei und bewahre mir immer noch so einen letzten Rest, den ich einfach nicht preisgeben will.

OM: Diese Grenze, die vom Ich-Geist gezogen wird, missverstehen die meisten Menschen als „Individualität", oder sogar als „Intimität", die vom Ich-Geist als ein Schutzraum definiert wird. Ihre Übersetzung lautet: Etwas Eigenes, etwas ganz Eigenes „nur für mich haben", „nur für mich ganz allein", und niemand anders darf da hineinschauen. Das sind die Definitionen eines abgetrennten Ichs von Menschen, die noch nie eine Erfahrung von Intimität jenseits des Ichs hatten. Aber ist das wirklich Intimität? Intimität mit der Seele?

Betrachten wir zunächst das Ich-Konzept der „Individualität", welches für ein abgegrenztes Bewusstsein steht. Es handelt sich gewöhnlich um ein Konzept, welches durch Angst zusammengehalten wird. Es ist die Angst des Ichs, welches sich nur als einen Teil begreift, jedoch nicht als ein Teil-Ganzes, ein *Holon*[57]. Mit dieser Angst des individualisierten Ichs geraten spirituelle Sucher in die Turbulenzen eines spirituellen Weges, weil es auf diesem Weg ja um die Auflösung des Teils in das Ganze geht. Die Angst jedoch spricht: Wenn ich das Eigene aufgebe, dann verliere ich das, was mich ausmacht, meine Individualität. In Wirklichkeit meint das Ich natürlich seine Besonderheit, seine Einzigartigkeit, von der das Ich so berauscht ist, und die es glaubt, verteidigen zu müssen. Das ist ein Missverständnis über Individualität. Individualität heißt schon der Wortherkunft nach etwas vollständig anderes, nämlich *das Unteilbare,* also das nicht teilbare Ganze. Wenn der Teil also ganz wird, dann ist es individuell.

Und nun kehren wir zurück zur Intimität. Deine Definition von Intimität ist ein heimlicher Ort von *me, myself and I*, an dem du dir vormachst, dort bist du allein mit dir selbst und jeder andere wäre ein Eindringling, ein Fremder, der da nicht hingehört. „Das gehört nur mir", sagt das Ich. Das ist eine narzisstische, eitle Definition von Intimität.

Die Frage ist doch: Wenn ich all das, von dem ich glaube, dass es mich einzigartig oder besonders macht, wenn ich all das, was ich für mich behalten will, loslasse, wie ist denn dann noch Intimität möglich, ich meine Intimität mit mir selbst? Wenn ich alles losließe, was mich persönlich ausmacht, dann wäre ich ja quasi „öffentlich", offen, eins, nicht getrennt von irgendetwas. Ist das etwa eine Umschreibung von wahrer Intimität? Dass ich nicht offen zugänglich bin, liegt nicht an mir, es liegt am Geist der Menschen, der nicht sehen kann. Dass das große Geheimnis verborgen bleibt, liegt nicht daran, dass es nicht zugänglich wäre. Deswegen nannte es Rumi, der große persische Sufi-Mystiker des 13. Jahrhunderts, auch das *offene Geheimnis:* Es ist offen und zugleich ein Geheimnis. Offen, weil es offen zugänglich ist und geheim, weil es durch den Geist in den Menschen verborgen ist. Es ist dieser innere, bewusste Akt des Loslassens, der dich von diesem persönlichen, festgehaltenen, begrenzten Ort in die offene Weite führt. Die falsche, eitle Vorstellung von Intimität muss fallen, um einer Intimität Raum zu geben, die wirklich die Nähe zum Selbst meint. Diese Nähe zum Selbst ist tief verborgen im Inneren und zugleich offen in der endlosen Weite des Bewusstseins.

F: Aber ich habe das Gefühl, mein Herz schützen zu müssen.

OM: Der denkende Geist verkauft dir sein Konzept von Intimität als einen Ort des Schutzes. Doch ist es die Sprache der Angst. „Wenn mir dieser Schutz genommen wird, werde ich zerstört", behauptet sie. Aber du schaust nicht genau genug hin, wovor du dich wirklich schützen willst. Vor bösen Eindringlingen, die von außen kommen? Wenn es etwas gibt, vor dem wir lernen müssen, uns wirklich zu schützen, dann ist es in uns selbst. Der Feind im eigenen Haus. Das Herz braucht keinen Schutz. Liebe braucht keinen Schutz. Wahrheit braucht keinen Schutz. Nur die Unwahrheit will sich schützen.

ॐ

Spieglein, Spieglein an der Wand

F: Wie kann ich aus der Sucht zu vergleichen aussteigen?

OM: Ist das nicht eigentlich die Situation von „Spieglein, Spieglein an der Wand, wer ist die Schönste im ganzen Land?"

F: Ja, so ist es. Wie kann ich aufhören in den Spiegel zu schauen?

OM: Du musst nicht aufhören, in den Spiegel zu schauen. Du musst nur erinnern, dass du in einen Spiegel schaust. Was sieht man denn in einem Spiegel?

F: Na ja, sich selbst.

OM: Ja, man sieht das, was man selbst hineingeworfen hat. Wer könnte sich mit dem vergleichen, was er selbst hineingeworfen hat?

F: Ja, ich merke, das habe ich komplett vergessen.

OM: Und jetzt musst du erinnert werden.

F: Ja … danke!

ॐ

Die tanzende Leere

F: Ich habe den Hinweis bekommen, dass mir die Eitelkeit das Herz verschließt. Ich war erst ein bisschen überrascht. Könntest Du bitte etwas dazu sagen?

OM: Was ist Eitelkeit? Was verstehst du denn darunter?

F: Ja, ich habe gemeint, ich wüsste es, aber wenn ich ehrlich bin, dann weiß ich es gar nicht so richtig.

OM: Eitelkeit ist Dienst an der inneren Hohlheit. Eine wahrhaft nach innen gerichtete Aufmerksamkeit, welche die äußere Welt absorbiert, erlaubt keine Eitelkeit. Eitelkeit wird erst durch die Spaltung der Aufmerksamkeit möglich, eine Spaltung zwischen innen und außen. Durch den daraus resultierenden Mangel an Innerlichkeit wächst das Interesse an der Außendarstellung. Je geringer das Interesse an Innerlichkeit, desto größer das Interesse an Außendarstellung. Eitelkeit ist nie an Innerlichkeit interessiert. Daraus kann nur folgen, dass diese Spaltung zwischen Äußerlichkeit und Innerlichkeit, die in deinem Geiste vorgenommen wird, aufgegeben wird, bis die reine Aufmerksamkeit der Verinnerlichung des Augenblicks dient. Was dann nach außen tritt, ist nichts anderes, als eine Ausstülpung von Innerlichkeit, eine Ausstülpung der Seele. Das ist das Wesen der Welt. Die Welt ist in Wahrheit eine Ausstülpung der Seele. Je größer der Dienst an der Äußerlichkeit, desto größer die Aushöhlung der Innerlichkeit. Der etymologische Ursprung von eitel ist tatsächlich *hohl* und *leer*, aber diese Leere ist nicht die Leere des Zen. Hohlheit beschreibt einen Bewusstseinszustand, der lediglich innen leer ist, aber außen voll, eine Umkehrung von Innerlichkeit. Eitelkeit höhlt das Innere des Menschen aus, weil die Eitelkeit dazu führt, dass die Seele durch Veräußerlichung verloren geht. Das substanzielle Gewahrsein, die Beseelung des Bewusstseins kommt durch Eitelkeit grundlegend abhanden. Das bedeutet: Eitelkeit reißt ein Loch im Inneren des Menschen. Dies ist nicht nur eine metaphorische Beschreibung, sondern die Beschreibung eines real erfahrbaren inneren Lochs. Es ist, als sei dieser Mensch nur noch eine Schale und unter der Schale ist nichts mehr. Die Eitelkeit vergrößert das Loch, während sie die Schale verhärtet. Doch die wirkliche Entleerung des Geistes kann nur geschehen, wenn die Schale bricht. Diese Schale ist die perfekte Außendarstellung des Ichs, die sich in der Persönlichkeit widerspiegelt.

F: Ja, ich kann das mit der Veräußerlichung gut nachvollziehen und was Du über das innere Loch gesagt hast, das spüre ich auch tatsächlich.

OM: Ja, warum überhaupt Veräußerlichung?

F: Ja eben, weil innen nichts war.

OM: Das ist eine Täuschung, die mit der Eitelkeit sehr eng verbunden ist. Das heißt, um die Eitelkeit zu brechen, braucht es ein Erkennen dieses Prozesses innerer Aushöhlung, der aktiv betrieben wird, indem Liebe veräußerlicht wird, indem Vitalkraft veräußerlicht wird, indem die Seele veräußerlicht wird. Alles wird nur mehr im Außen gesehen, während sich das Innere hohl und leer anfühlt. Je mehr ich das praktiziere, desto mehr bestätigt sich die Situation von innerer Hohlheit und äußerer Fülle. Es gibt in dieser inneren Situation nur eine Möglichkeit, um mit der Realität in Kontakt zu kommen: in dieses Loch, das entstanden ist, einzutauchen mit einem Forschergeist, der wissen will, was am Grunde dieses Loches ist. Das innere Loch weitet sich in allumfassende Leere. Die Leere des Zen. Diese Leere füllt sich von selbst. Das ist die tanzende Leere des Zen.

ॐ

Enttäuschung

Enttäuschte Liebe

F: Was erscheint, ist der Satz: „Ich interessiere mich nicht", und das ist von so einer Absolutheit in mir, einer ganz großen Tiefe.

OM: Wir waren schon einmal an dem Punkt, wir beide, wo du mir sagtest: „Du interessierst dich nicht für mich", und ich das dann umkehrte und antwortete: „Eigentlich bedeutet das ja, du interessierst dich nicht für mich". Wenn wir jetzt fragen, warum interessiert sich jemand nicht für die Wahrheit, warum interessiert sich jemand nicht für Gott, warum interessiert sich jemand nicht für die Wirklichkeit, dann wird sein Geist Gründe dafür haben, die in seiner eigenen Blase, in der er lebt, zu finden sind. Diese Blase wird durch Zeit gebildet. Es gibt in deiner Blase eine gespeicherte Erinnerung aus der ganz frühen Kindheit. Was hat dich denn da so enttäuscht?

F: Da kommt es mir so hohl vor.

OM: Es fühlt sich leer an in deinem Herzen. Aber es ist enttäuschte Liebe. Ein weibliches Thema, welches von Punkt 4 des Enneagramms stammt. An diesem Punkt geht es um die Ent-Täuschung falscher Liebe, was jedoch vom naiven Ich zuerst als enttäuschte Liebe missverstanden wird und zu großem Kummer führt. Viele tragen sie über lange Zeit, manchmal ein Leben lang. Die enttäuschte Liebe beginnt ja nicht mit dem ersten Liebhaber. Da ist alles längst geschehen. Die Liebe – vielleicht ist es die Liebe zum Vater, vielleicht ist es die Liebe zu Gott –, die in den kindlichen Augen, in der Frühzeit dieses Ichs enttäuscht wird. Diese Enttäuschung fristet fortan ein latentes Dasein, das am Fundament der Lebenseinstellung wirkt. Und eigentlich ist da die Botschaft in dir, und das ist wieder die Umkehrung: „Ich habe Gott enttäuscht.", oder „Ich habe das Leben enttäuscht, einfach durch mein Dasein, durch mein unvollkommenes Dasein." Ich glaube, du musst diese Umkehrung machen, um es ganz sehen zu können, diese Vorstellung: „Ich habe Gott enttäuscht, weil ich so unvollkommen bin als Mensch." Natürlich ist es eine kindliche Vorstellung zu glauben, Gott sei enttäuscht, und natürlich ist auch Gott nicht gemeint, aber es ist einfach ein Einblick in eine kindliche Welt, die sich im Unterbewusstsein abkapselt in den Menschen und so ihr Dasein fortsetzt.

Du hast dich in Wirklichkeit immer wieder selbst enttäuscht, weil du nicht bereit warst, die Liebe zu nehmen, die dir geschenkt wurde. Das ist die eigentliche Enttäuschung. Es gibt etwas in dir, das die Liebe immer wieder zurückweist, und dieser Vorgang enttäuscht dich selbst. Auch wenn das in der Vergangenheit schon eintausend Mal geschehen ist, so bedeutet das nicht, dass du in diesem Augenblick, wenn dir die Liebe dargeboten wird, sie zurückweisen musst. Denn dieser Moment ist derjenige, der das Potenzial in sich trägt, die festgehaltene Erinnerung der eintausend Enttäuschungen aufzulösen. Aber das funktioniert nur, wenn du hochgradig wachsam bist ob dieser Tendenz der Zurückweisung, denn diese Tendenz ist in deinem Geist angelegt. Du fragst, wie das sein kann? In den Lehren des Enneagramms ist das ein Vorgang innerhalb der Fixierung in der unerfüllten Liebe.

Es bedeutet, dass dieses Ich nach der unerfüllten Liebe strebt. Es hat eine Attraktivität für dich, die Liebe zurückzuweisen, nicht wahr?

F: Ja. Aber niemand strebt doch nach unerfüllter Liebe!?

OM: Eben doch. Das Erfüllungsstreben des nach Liebe suchenden Ichs hat einen Schatten, das Streben nach Unerfülltheit. Der nach Erfüllung Strebende erkennt es lange nicht. Die innere Destruktivität in dieser Anziehung zu sehen erfordert Wahrhaftigkeit, eine Enttäuschung der Eitelkeit, und es erfordert eine gewisse Ernsthaftigkeit mit deinem tiefsten Wunsch, Leiden wirklich zu beenden. Das Leiden wohnt im Bewusstsein der Menschen, weil sie eine Anziehung dazu haben, sonst gäbe es viel mehr ernsthaft am inneren Weg interessierte Menschen, dem einzigen Weg, der vollkommene Freiheit für den inneren Menschen verspricht. Wenn das Leiden in der subjektiven Erfahrung der Menschen ausschließlich als *leidvoll* erlebt werden würde, dann würde es nicht den menschlichen Zustand beherrschen. Leiden hat viele Masken. Es kann sogar als Glück erscheinen. Nur ein innerer Mensch kann diese Täuschung durchdringen.

ॐ

Erwartung führt zu Enttäuschung

F: Meine Erwartungen in die Liebe werden immer wieder enttäuscht. Sitze ich vielleicht einem Grundirrtum auf?

OM: Worin besteht die Täuschung, die der Ent-täuschung vorangeht? Die Täuschung besteht darin zu glauben, es sei Aufgabe des Seins, Erwartungen deines Ichs zu erfüllen. Es gibt eine direkte Verbindung zwischen dieser geistigen Haltung von Erwartung und der folgenden ernüchternden Erfahrung von Enttäuschung. Du neigst besonders zu dieser geistigen Haltung von Erwartung, die ich auch als eine weibliche Form des Widerstandes bezeichne. Erwartung ist ein verkappter Widerstand gegen *Das-was-ist*. Es ist eine latent unzufriedene Haltung, eine Anspruchshaltung, die immer mehr will vom Leben, als das, was das Leben ihr gibt, mehr als Das-was-ist. Es ist ein mehr wollen, ein mehr haben wollen, ein zuviel wollen. Es handelt sich um ein Ich, das glaubt, eine besondere Berechtigung auf mehr zu haben. Jemand, der glaubt, das Leben schulde ihm noch was. In Wirklichkeit ist es genau umgekehrt: Er schuldet dem Leben etwas. Du kennst die Perlenkette, die ich an diesem Punkt aufreihe: Erst wollen wir *mehr*, dann wollen wir etwas *Besseres*, und wenn wir nichts Besseres bekommen, dann wollen wir etwas *anderes*. Aber alles beginnt mit dem *mehr*. Das mehr wollen geschieht in der Absicht nach mehr Glück, mehr Erfüllung, mehr Frieden usw. Doch das Resultat ist merkwürdigerweise am Ende das Gegenteil von der ursprünglichen Absicht. So ist es eigentlich immer, weswegen der denkende Geist in der indischen Philosophie auch als ein Betrüger, oder als Dieb bezeichnet wird. Ein Trickser, der die Menschen täuscht. Der Geist kann an seinen Resultaten erkannt werden. Wenn das Resultat das Gegenteil von der (angeblichen) Absicht dieses Geistes ist, dann liegt eine Täuschung vor.

Es wäre eine neue Dimension von Erfahrung für dich, wenn du bereit wärst, jeder Situation gegenüber offen und „einfach da" zu begegnen, ohne zu wissen, ohne in Erwartungen vorher planen zu müssen, was geschieht, geschehen könnte. Ich meine, wenn du es einfach dem Sein überlassen würdest, was zu geschehen hat, wenn du weiterhin offen und „einfach da" verweilen würdest, dann würde das geschehen, was bestimmt ist zu geschehen, und dann würde der Ablauf der Totalität voranschreiten. So benennt es Ramesh Balsekar[58]. Die gesamte Evolution ist ein Ablauf der Totalität, was impliziert, dass das Ich, diese angebliche Entität des Menschen, daran gar nicht beteiligt ist. Es spielt also im Ablauf der Totalität keine Rolle, ob da ein Ich etwas erwartet, oder nicht.

Eigentlich geht es dir doch um die Liebe. Die Erwartung tötet die Liebe. Lass der Liebe ihren freien Lauf. Keine Erwartung – keine Enttäuschung.

ॐ

Fühlendes Wesen

Die Feinheit des fühlenden Wesens

F: Ich muss kurz eine Erfahrung und einen Prozess beschreiben, der in den letzten sechs Wochen stattgefunden hat. Es war wie ein Gehirntod vom Gefühl her.

OM: In dir geschieht immer wieder eine Trennung von deinem fühlenden Wesen. Warum tust du das?

F: Ich war nach einem Seminar das erste Mal in meinem Leben überhaupt bereit, mich selbst zu fühlen und bin durch einen Schmerz gegangen – das ist unbeschreiblich. Da wurde etwas aufgebrochen.

OM: Gut, das ist doch eine gute Spur! Du solltest davon ausgehen, dass diese Erfahrung immer wieder zu geschehen hat. Es ist nicht so, dass du es einmal durchgegangen bist und dann hakst du es ab, sondern es braucht jetzt Geduld in dir. Der durchschnittliche, mental verkopfte

Mensch unserer Zeit versteht nur sehr begrenzt, wie es möglich ist, mit dem fühlenden Wesen zu kommunizieren. Die innere Resonanz kann nicht durch Logik hergestellt werden. Das fühlende Wesen wird davon solange nicht berührt, nicht angesprochen, wie der denkende Geist nicht ins Herz gefallen ist. Das fühlende Wesen ist ein zartes Wesen. Es braucht die Geduld eines Gärtners, der zarte Pflänzchen bewässert. Wenn ich mich entfremdet habe, so wie du, dann muss ich lernen, wie dieser Kontakt wieder hergestellt werden kann, wie ich mich wieder annähern kann. Es ist, als hättest du einen Geliebten lange Zeit aus den Augen verloren und bei der ersten Begegnung weißt du gar nicht, wie du ihm wieder nah kommen kannst. Nach einer Zeit, in der das Vertrauen wächst und die Liebe beginnt, spürbar zu werden, wird alles wieder ganz natürlich.

Lerne die Qualitäten kennen, die das fühlende Wesen ausmachen. Das fühlende Wesen ist ein zartes Wesen. Seine Qualität ist Feinheit, und wenn du zu einer inneren Feinheit Zugang finden möchtest, dann brauchst du selbst Feinheit in deiner Herangehensweise. Erstaunlicherweise ist das Denken häufig zu grob, obwohl im *Großen Kreislauf*[59] des Menschen das Denken in Wirklichkeit einer noch viel feineren Ebene der Erscheinung entspringt, als das Fühlen. Fühlen ist *feinstofflich*, Denken ist *feinststofflich*[60]. Der denkende Geist, der den *Großen Kreislauf* besetzt hat, stellt die innere Hierarchie der *rechten Ordnung* jedoch buchstäblich auf den Kopf, indem er den gesamten Kreislauf der Kraft von oben dominiert[61]. In der natürlichen Entwicklungshierarchie des entstehenden *Großen Kreislaufs* baut sich die Kraft von den Wurzeln her aus dem Grobstofflichen auf und wird im Laufe ihrer Entwicklung zunehmend feiner. Akustisch könnte ich sagen, „das Laute läutert sich". Es braucht die Feinheit inneren Lauschens für diese Läuterung. Einfach hineinlauschen und die feineren Rufe des fühlenden Wesens hören, fühlen. Es braucht Geduld. Nicht: „Ich lausche – warum kommt denn da nichts? Das gibt's doch nicht! Ich sitze jetzt hier schon fünf Minuten, und es kommt immer noch nichts!" Die allermeisten westlichen Menschen sind viel zu schnell durch die innere Herrschaft des denkenden Geistes. Das ist nicht die Haltung des Buddha. Der Buddha kann sitzen. Es ist die Lehre der Langsamkeit, welche in Meditation führt, welche die Geduld weckt, welche die Resonanz zum fühlenden Wesen herstellt, denn das fühlende Wesen hat eine langsamere Frequenz.

ॐ

Die Frequenz des fühlenden Wesens

F: Das Thema ist Kontrolle, und ich merke, ich habe zwei Arten zu reagieren, wenn ich die Kontrolle verliere: die eine Art ist, schnell zu werden im Kopf, um zu versuchen zu verstehen, was los ist, und die andere Art ist Betäubung. Wenn ich versuche heraus zu kriegen, was ich betäube, so ist dies sehr schwer zu sehen. Was ich zeitweise sehe, ist, dass ich zu schnell bin, ich fühle überhaupt nicht.

OM: Pass du deine Geschwindigkeit dem Fühlen an und verlange nicht von dem Fühlen, sich an deine Geschwindigkeit anzupassen. Ich sprach gestern in einem Interview davon, dass zur Harmonisierung der *drei Körper des*

Menschen[62] ein Großteil der inneren Praxis aufgewendet wird. Warum sind diese Körper nicht in Harmonie? Du legst gerade Zeugnis davon ab. Dass du, wer auch immer da spricht, dich nicht an das Fühlen und an die spezifische, innere Frequenz des Fühlens anpassen willst, das zeugt davon, dass da ein Jemand ist, der sich über dieses Fühlen überhöht hat. Warum ist das so? Und wie rechtfertigst du das?

F: Erst einmal muss ich fühlen, dass ich nicht fühle. Und wenn ich so schnell bin, fühle ich das gar nicht, dass ich nicht fühle.

OM: Die Flucht in Unbewusstheit schützt vor Konsequenzen nicht. Das ist eine weitere Facette deiner Opfergeschichte, dass das Ich sich in Unbewusstheit flüchtet, um dann sagen zu können: „Mein Name war Hase. Ich wusste von nichts." Dein Name ist nicht Hase. Auch dann nicht, wenn du nicht mitbekommst, was geschieht, weil du dich betäubt hast und ins Unbewusste abgetaucht bist. Das sind alles nur Maßnahmen, um dem Täterbewusstsein, um überhaupt dem Bewusstsein zu entkommen. Dass diese Maßnahmen allesamt schädlich sind, ist dem einfachen Menschen nicht wirklich beizubringen. Erkläre das mal einem Flüchtenden. Viele Menschen sind den ganzen Tag auf der Flucht, sichtbar in täglichen Kleinigkeiten, in allem was sie tun. Alles, das ganze Leben, ist irgendwie verwoben mit ihrer Flucht: Flucht vor sich selbst, Flucht vor der Wahrheit, Flucht vor dem Tod, dem Leben, vor was auch immer. Ein derartiges Verhalten kann nicht dazu beitragen, diesen Zustand der inneren Harmonie der verschiedenen Körper des Menschen herzustellen. Es ist deine Aufgabe, dich an die Frequenz des fühlenden

Wesens anzupassen, um in Harmonie mit dem fühlenden Wesen zu kommen.

F: Wie kann ich mich an die Frequenz des fühlenden Wesens anpassen?

OM: Du lebst im Kopf. Die meisten tun das. Dieser „Kopf" ist entkoppelt von den anderen Körpern, sodass du in einer viel zu schnellen mentalen Frequenz lebst. Viele Rationalisten halten das auch noch für intelligent. Dich an das fühlende Wesen anzupassen, bedeutet, du musst langsamer werden. Das Herzzentrum hat eine wesentlich langsamere Frequenz, als das Mentalzentrum. Der vorrangige Grund für die überhöhte Geschwindigkeit des Mentalzentrums ist unbewusste Angst. Die meisten Menschen benutzen doch Schnelligkeit lediglich als Instrument für ihre Flucht. Nur ein schneller Flüchtender ist ein guter Flüchtender. Auch ein schneller Angriff ist oft die beste Verteidigung. In jedem Fall dient die überhöhte Mentalfrequenz des Ichs ausschließlich seiner Verteidigung, das bedeutet, seinem Überleben. Es erhöht keineswegs die Auffassungsgabe integraler Intelligenz[63], noch beschleunigt es Erkenntnisprozesse. Im Gegenteil. Die meisten Menschen entwickeln sich nicht, weil sie zu schnell sind. Das ist das Drama der Moderne, insbesondere der Digitalisierung. Wenn du nun also bewusst bezeugen kannst, dass dein Geist, getrieben durch niedere, emotionale Triebkräfte, beschleunigt und deine innere Frequenz zu schnell ist, so nimm das zum Signal, um langsamer zu werden. Wenn deine Frequenz die Frequenz des Herzzentrums erreicht hat, bist du in Resonanz. Wenn du in Resonanz bist, dann fühlst du auch.

F: Und im anderen Fall? Wenn ich mich betäube und auf diese Weise unbewusst bin?

OM: Dann bist du zu langsam.

ॐ

Das fühlende Herz

F: Ich habe eine Nachfrage, es ging ja um das Fühlen. Meine Frage ist: Was ist das eigentlich genau? Wie funktioniert das und wo findet es eigentlich statt? Ich habe den Eindruck, dass es da verschiedene Arten von Fühlen gibt. Also z.B. Körperempfindungen. Aber was ist mit Abneigung? Ich meine, das sind eher Gedanken. Und was ist zum Beispiel mit erfühlen, ob etwas die Wahrheit ist oder eine Lüge? Das ist ja eine innere Gewissheit in so einem Moment. Was passiert da eigentlich? Ist „fühlen" ein anderes Wort für „wahrnehmen"?

OM: Nun, ich kann die Notwendigkeit sehen, klare innere Antworten zu bekommen auf alle diese Fragen. Die Sache ist komplex. Im Moment kann ich dir nur eine einfache Antwort geben: Es ist das Herz, das fühlt. Und es sieht so aus, als wenn das fühlende Herz auch die Kapazität hat, das Falsche zu entlarven, und dass dieses fühlende Herz notwendig ist für diesen Akt, weil der rationale Geist allein dazu nicht in der Lage ist. Die Frage, was wahr ist und was unwahr, selbst wenn wir sie auf das Relative beziehen und noch nicht auf das Absolute, wie kann sie beantwortet werden, wer kann sie beantworten? Es muss jemand sein, dem die Mittel zur Verfügung stehen, diese Unterscheidung wirklich zu treffen.

Das Hindernis des Unwissenden besteht darin, dass seine inneren Handwerkszeuge begrenzt sind, um Wahrheit zu erkennen. Ich sprach schon des Öfteren davon: Wir beginnen den inneren Weg alle mit groben Instrumenten, mit Hammer und Meißel. Mit diesen groben Instrumenten lässt sich noch keine Selbsterforschung betreiben. Wir kennen die Vergröberung des veräußerlichten Lebens, wir glauben, Instrumente rationaler Intelligenz, wie sie z.B. in Politik, Wirtschaft, oder auch der Naturwissenschaft angewandt werden, könnten einfach auf den inneren Weg übertragen werden. Wir kennen zuerst nichts anderes. Im Fortschreiten des inneren Weges und der Empfängnis der Lehre verfeinern sich die Instrumente. Das fühlende Herz und seine Entfaltung spielen dabei eine große Rolle. Es handelt sich um ein energetisches Zentrum zwischen Körper und Geist, das in der Entwicklung der meisten Menschen vom Kind zum Erwachsenen, eine Entwicklung, welche ich als die *Erste Inkarnation*[64] bezeichne, nur sehr begrenzt entfaltet worden ist. Und weil das so ist, ist auch sein Unterscheidungsvermögen begrenzt, denn Unterscheidungsvermögen erfordert die Intelligenz des Herzens, die *Intuition*. Ich brauche die *Intuition*, um fühlen zu können, was jemand sagt, anstatt nur auf die Inhalte seiner Worte zu achten. Die fühlende *Intuition* des Herzens vermittelt mir den ‚Geschmack' der Worte, der nur schwer in Worte zu fassen ist.

ॐ

Scheu ist ein reiner Ausdruck der Seele

F: Ich bin auf einer inneren Reise einem Teil in mir begegnet, der war so scheu, so sehr scheu, und das hat mich sehr berührt.

Weil der sich nicht locken ließ. Der ließ gar nicht irgendwas mit sich machen. Sobald ich mehr sehen wollte, ist er wieder verschwunden und mir kam in dem Moment immer wieder das Wort ‚scheu'. Das hatte auch was ganz reines. Ich wollte Dich bitten, dazu etwas zu sagen.

OM: Ein scheues Reh lässt sich schon locken. Es dauert nur seine Zeit. Die Scheu ist eigentlich ein reiner Ausdruck der Seele. Die Scheu ist nicht vergiftet durch Konzepte des Geistes, genauso wenig wie durch seine Emotionen oder Leidenschaften. Und wenn ich das sage, dann heißt das auch, dass das eine innere Spur für dich ist, eine reine Spur, der du vertrauen kannst und folgen. Aber um so einer Spur folgen zu können, musst du lernen, was es heißt, auf Messers Schneide zu gehen. Das bedeutet, dass du den Versuchungen des Geistes widerstehst, aus der Scheu etwas anderes zu machen und sie zu beschmutzen.

F: Ja, wie könnte so eine Beschmutzung der Scheu aussehen?

OM: Es ist ein sich täglich wiederholendes inneres Manöver, dass reine Kräfte, die aus der Seele aufsteigen, nachträglich vom denkenden Geist verunreinigt werden, sodass innerlich die Reinheit verloren geht. Eine Beschmutzung der Scheu könnte passieren, in dem der Geist die Scheu, die immer auch mit natürlicher Furcht in Verbindung steht, mit seiner Angst überlagert, die sich weiter zu Misstrauen rationalisiert. Ein leichtes Danebentreten reicht aus, um von Messers Schneide – das ist der Weg der Mitte – in die realitätsverzerrte geistige Welt zu fallen, die dann nicht mehr scheu ist, sondern misstrauisch. Das ist ein Vorgang, der nicht plötzlich geschehen muss, sondern sich einschleichen kann und eine fortschreitend vergiftende Sicht erzeugt. Der Geist wirft Bilder auf ursprüngliche Furchtsamkeit, die in einem zarten Zustand der weiblichen Seele ganz natürlich ist, und entwickelt ein feindseliges Szenario, das Misstrauen rechtfertigt, während der Wahrnehmende schläft und es nicht verstanden hat, auf Messers Schneide in Achtsamkeit zu wandeln. Des Messers Schneide ist ein Synonym für den inneren Weg. Die innere Lehre lehrt auch den Weg der Achtsamkeit, ein Weg, der häufig missverstanden wird, wenn Menschen Achtsamkeit an Verhaltensregeln glauben festmachen zu können. Diese Menschen haben den Weg der Achtsamkeit, welcher ein Aspekt des inneren Weges ist, noch nicht verstanden. Und wer es nicht versteht, den Weg der Achtsamkeit zu gehen, der versteht auch nicht, was es heißt, auf Messers Schneide zu gehen.

Du hast jetzt gesehen, dass die reine Scheu überhaupt nicht dasselbe ist wie eine unsichere innere Atmosphäre von subtiler Bedrohlichkeit, die Spuren des Misstrauens aufweist, die wiederum zu Feindseligkeiten anleiten. Der Abfall von Messers Schneide kann sehr grob werden, und eine ursprünglich sehr feine innere Atmosphäre des Scheu-seins kann sich bis in eine äußerst grobe, gewalttätige Atmosphäre verwandeln. Dieses Beispiel ist repräsentativ für einen Entstehungsprozess innerer Gewalt, die sich immer aus einer Form der inneren Feinheit entwickelt, welche nicht gefühlt werden will und deshalb durch Formen geistiger Manipulation[65] vergröbert wird. Ich spreche hier von Gewalt als Resultat eines geistigen Eingriffs in natürliche Prozesse. Die Grobheit an sich ist auch eine natürliche Qualität innerhalb der SEINSformen der

Seele. Es gibt eine Grobheit des Geistes und es gibt eine Grobheit der Seele.

F: Aber schließt sich das nicht aus: Grobheit und die Seele?

OM: Nicht die Seele an sich ist grob. Vielmehr tritt die Seele in Erscheinung vom Gröbsten bis zum Feinsten. Ein Mensch, in dem alles integriert ist, zu dem alles zurückgekehrt ist, repräsentiert das gesamte Spektrum des Bewusstseins – die Große Kette[66] vom Niedersten bis zum Höchsten, vom Gröbsten bis zum Feinsten.

ॐ

Schweigende Worte führen ins Herz

F: Zu alldem, was du gesagt hast, fällt es mir direkt schwer, irgendetwas zu sagen. Denn ich höre auch: „Sei einfach still." Trotzdem ist auch einfach der Wunsch da, mit Dir zu sprechen und mit Dir in Kontakt zu sein und die Chance zu nutzen.

OM: Ja vielleicht bringt uns das noch einmal auf die Spur der Unterscheidung, wozu Sprache notwendig ist und wozu sie nicht notwendig ist. Die Sprachentwicklung des Menschen ist ja direkt verbunden mit der Entstehung dieses Geistes, eine Tatsache, welche aus Sicht der inneren Lehre eine generelle Zweideutigkeit des sprachlichen Ausdrucks impliziert. Häufig dient der Gebrauch der Sprache gar nicht der Kommunikation. In dem Begriff der Kommunikation steckt ja der lateinische Begriff *communio* – das heißt Gemeinschaft, im übertragenen Sinne innere Gemeinschaft, Verbindung. Christen gehen zur Kommunion, um sich mit Jesus Christus zu verbinden („sein Leib und sein Blut"). Wenn der denkende Geist spricht, hat seine Sprache jedoch nichts Verbindendes, sondern etwas Trennendes, weil der denkende Geist an sich eine Entität ist, die aufgrund eines Trennungsbewusstseins existiert. Ich könnte sagen, das Trennungsbewusstsein ist überhaupt die Daseinsgrundlage des Ichs. Die Sprache dieses Ichs ist in vielen Fällen ein Instrument des Unbewussten, das lediglich dazu dient, unbewusst gehaltene Kräfte zu entladen, zu entsorgen, sich abzulenken, sich in Inhalten von Gedankenwelten aufzuhalten, um Wesentliches nicht fühlen oder sehen zu müssen. Sie ist häufig ein immer wieder gern genutzter Weg aus der inneren Leere.

Nun leben wir in einer Zeit, die mit Riesenschritten hinein ins digitale Zeitalter schreitet. Wir sind mittendrin. Eine Welt mit exponentiellen Wachstumsraten von Gedankenwelten. Die Vielfalt von Gedankenwelten wird immer größer, der evolutive Fächer fächert sich immer mehr auf, doch ist diese Zunahme an Komplexität überhaupt ein zwangsläufiges Merkmal sich erhöhender Intelligenz? Die Vernetzung verblendeter Gedankenformen des denkenden Geistes ist es sicher nicht.

Wer kann wirklich unterscheiden, wann er selbst vor der Leere davonläuft und eine Gedankenwelt nach der anderen aufsucht, deren einziger Daseinszweck innere Flucht und Abwehr sind? Und wann die Sprache des arbeitenden Geistes[67] tatsächlich den Tagesablauf regelt, oder wirkliche, innere Mitteilungen, also Kommunikation geschieht, deren Mit-Teilung immer auch ein Dienst am Menschen ist? Diese endgültige Unterscheidung ist einem inneren Menschen vorbehalten, der innerlich bis zum Denker vordringen kann. Wer denkt? Es braucht einen Meditierenden für die Beantwortung dieser Frage, die nicht durch weitere Gedanken beantwortet werden kann, sondern nur in einem stillen Geist.

Wenn die Sprache ein bewusstes Instrument ist, das nicht mehr dazu dient, Ängste zu kompensieren, den Druck des Unterbewussten zu kontrollieren, innere Löcher jeder Art zu stopfen, sondern wenn sie wirklich der Verbindung, der Näherung, dem echten Dialog in Wahrheit dient, dann wird sie zu einem Instrument, das in die Stille führen kann. Es gibt schweigende Worte, es gibt laute Worte – schweigende Worte führen ins stille Herz. Laute Worte führen ins Nichts. Wenn der Geist sprechen will, bist du stumm. Wenn das Herz stumm ist, redest du.

ॐ

Mangel

Ausrichtung auf Mangel

F: Mich interessiert die Frage des Mangels. Man sucht im Außen und riskiert dabei, seine Seele zu verlieren.

OM: Wir müssen unsere Aufmerksamkeit einfach nur um 180° wenden, das ist alles. Es ist leicht, die Aufmerksamkeit um 180° zu wenden. Was schwierig ist, sind die Widerstände und Ängste, die sich dagegen zur Wehr setzen. Wenn wir angewiesen werden, die Welt, wie wir sie kennen, zurückzulassen, dann kennt die Angst nur den Verlust ohne Gewinn. Die Organisation des Ichs im Menschen ist ausgerichtet auf irgendeine Art von Mangel. Das Ich lebt in einer Welt, in der es an Liebe mangelt, an Wahrheit, an Kraft, an SEIN. Das führt dazu, dass wir glauben, wir müssten an unserem letzten Hemd festhalten. Das heißt, wenn wir uns zwar auf den inneren Weg gemacht haben, aber noch drei Hemden in petto haben, ist es nicht so gefährlich. Wenn wir noch zwei Hemden haben, wird der Mangel schon schwer zu ertragen, aber beim letzten Hemd droht der Tod. Solange meine innere Realität eine Realität des Mangels ist, werde ich schwer zu überzeugen sein, das letzte Hemd herzugeben. Welcher Mangel ist denn gegenwärtig in dir?

F: Ich glaube, ich laufe immer hinter einer guten Mutter her.

OM: Dem Kind mangelt es an Innerlichkeit. Deswegen sieht es die Mutter im Außen, als ein äußeres Objekt. Der reifende Erwachsene sieht die Mutter im Innen und der innere Mensch beginnt das übergeordnete, das geistige Prinzip der Mutter, die *Heilige Mutter,* in sich zu erkennen. Du wirst verstehen: je mehr du im Innen sehen und erkennen kannst, desto weniger Mangel gibt es in deiner Welt. Je weniger du im Inneren bereit bist zu sehen, desto größer wird das Empfinden von Mangel sein. Und all das ist ausschließlich eine Frage deiner Aufmerksamkeit, die sich wenden kann.

ॐ

Die Fülle im Nicht-Vorhandenen und der Mangel im Vorhandenen

F: Ich lebe in einer Welt des Mangels. Es ist nie, wie es sein sollte. Das ist vielleicht nicht natürlich, doch wie entkomme ich dem Gefühl des Mangels?

OM: Was treibt dich in den Mangel?

F: Es immer anders haben zu wollen, als es ist.

OM: Es ist nachvollziehbar, dass das, was dann ist, als ein Mangelzustand erscheint. Während die Fülle in dem ist, wie es sein sollte. Ist das richtig?

F: Ja, die Fülle ist dann dadurch nicht vorhanden.

OM: Die Fülle im Nicht-Vorhandenen und der Mangel im Vorhandenen, meinst du das?

F: Ja.

OM: Das ist eine merkwürdige Verdrehung des SEINS. Der Mangel im Sein und die Fülle im Nichtsein. Ist das nicht eine verirrte Umkehrung, die Fülle im Nichtsein entdecken zu wollen, während im Sein beständiger Mangel herrscht?

F: Das ist heftig – das muss ich erst einmal wirken lassen.

ॐ

Heimweh nach Mangel

F: Mein Mann hat sich von mir getrennt und all diese Bilder und Erinnerungen und der Verlust von dem gemeinsamen Leben überrollen mich und lassen mich völlig hilflos sein. Es ist so schmerzhaft, dass ich das hinter mir lassen möchte. Wie kann ich die Fixierung auf diese Beziehung loslassen? Wie kann ich Schritte nach vorn machen und nicht immer wieder rückfällig werden?

OM: Es gibt in vielen Menschen und insbesondere in vielen Frauen eine Idee, die sehr viel Leid mit sich bringt. Es ist die Vorstellung, nicht wirklich geliebt zu werden. Auch du hängst noch an dieser Idee fest. Und es gibt in dir einen Irrglauben, dass dieser Mann, der gegangen ist, diese Idee heilen könnte. Natürlich ist das irrational. Die rationale Betrachtung kann es deshalb auch nicht vollständig fassen. Die Idee des Nicht-geliebt-werdens, die sehr tief in die Vergangenheit – und damit meine ich eigentlich die Geburtsstunde des Ichs – zurück reicht, kann nicht durch rationale Reflexion geheilt werden. Der Verlust der Liebe, um den es eigentlich geht, ist nicht nur menschlich, sondern spirituell. Nur der spirituelle Weg und die spirituelle Praxis kann diesen vermeintlichen Verlust endgültig heilen.

Du kannst, ja du musst sehen, dass dieser Mann verschwunden ist. Er existiert gar nicht mehr. Er ist vergangen, es ist vorbei. Es ist nicht mehr. In deinem Denken wird versucht etwas aufrecht zu erhalten, was nicht mehr ist. Lass sterben, was bestimmt ist zu sterben und lass gebären, was bestimmt ist geboren zu werden.

Wenn die Idee, nicht geliebt zu werden, gehen darf, was spielt dann das Bild dieses Mannes noch für eine Rolle? Ihm ist die Aufgabe des Heilers genommen worden. Er muss nichts heilen, was in diesem Augenblick heil ist. Es ist doch in diesem Augenblick heil, ist es nicht?

F: Ja.

OM: Was willst du dann noch mehr?

F: Im Moment fühlt es sich vollkommen an. Ich habe aber immer wieder dieses Heimweh nach dieser Zeit.

OM: Das Heimweh nach dem Mangel. Du hast Heimweh nach dem Mangel. Du musst lernen, dich von dem Mangel zu entwöhnen. Der Geist war süchtig nach einem Mangelzustand. Wir sind überhaupt nicht darauf vorbereitet, einen Zustand der Erfüllung zu erleben. Wir wissen gar nicht mehr, was wir dann tun sollen. „Wie soll ich denn damit umgehen?", fragt der Geist während der Entwöhnungskur. Die Wahrheit über diesen Geist ist, dass er nach Erfüllung strebte, in Wirklichkeit jedoch süchtig nach Mangel war.

F: Es kommt mir aber so vor, dass ich mich nach der Fülle sehne und nicht nach dem Mangel.

OM: Das könnte eine Täuschung sein. Stellen wir uns vor, du befindest dich in einem Zustand einfacher Erfülltheit, jetzt. Es gibt nichts, dass dem hinzugefügt werden müsste. Denn was sollte der Erfüllung hinzugefügt werden, wenn sie doch einfach IST? Doch plötzlich taucht ein Fremder auf und kommt mit einer Idee. Er sagt: „Schau dich doch mal an, das kann doch nicht alles sein. Wie wäre es, wenn ich dir ein Angebot mache, das so gut ist, dass du es gar nicht zurückweisen kannst: Du könntest in der Zukunft ganz groß herauskommen. Ich könnte dir ein Angebot machen, das dich noch viel glücklicher macht, als du jetzt bist." Und du denkst: „Stimmt, eigentlich hat er ja recht. Das ist doch wirklich nichts Großes, was ich hier habe. Wie konnte ich da glücklich sein? Wie konnte ich mich erfüllt fühlen in so einem erbärmlichen Moment? Welch ein Irrtum!"

Dies ist eine sehr kurze Geschichte über die Entstehung des sehr normalen Wahnsinns. Sei nicht naiv und schau genau hin, wer dir was verkaufen will, wenn du dich bereits in einem natürlichen Zustand der Fülle befindest, die einfach IST, bescheiden in dem Sinne: Ich habe, was ich habe und ich bin, was ich bin. Es braucht nichts anderes, als das.

ॐ

Künstlich erzeugter Mangel

F: Es klingt zwar klischeehaft, aber ganz tief in mir ist da das Gefühl, keiner liebt mich, keiner braucht mich wirklich, keiner sagt mir, ich sei ein wertvoller Mensch. Das quält mich.

OM: Du leidest an einem Gefühl von Mangel. Was ist es, was diesen Mangel ausmacht?

F: Es ist eben das Gefühl, nicht geliebt zu sein, nicht gesehen zu werden. Das Gefühl, selber daran schuld zu sein, das liegt noch tiefer, dass ich damit etwas zu tun habe, dass es so ist.

OM: Von wem möchtest du denn geliebt werden?

F: Eigentlich von allen, denen ich begegne.

OM: Dieses Warten darauf, dass ein Jemand kommt, der mich anerkennt, sieht, ist eine typisch weibliche Fehleinschätzung, die egoistischer Natur ist. Wie wäre es, wenn du dieses Warten aufgibst, auch die Versuche aufgibst, einen inneren Mangel überhaupt füllen zu wollen. Der normale Mensch füllt den Mangel, der reife Mensch des Weges leert den Mangel. Die Füllung des Mangels ist allopathisch[68], die Leerung des Mangels ist homöopathisch[69]. Es handelt sich hier um das Verstehen grundsätzlicher Heilgesetzmäßigkeiten angewandter Homöopathie.

F: Heißt da, es war immer Liebe da und das Mangelgefühl hat sie immer verschleiert?

OM: Mangel bedeutet nicht, dass keine Liebe da ist. Mangel bedeutet, dass nicht genug Liebe da ist, weil die Liebe, die da ist, nicht genommen wird. Das wiederum verursacht Schmerz. Es ist verständlich, dass dieser Teil von dir, der sich beständig im Mangel befindet, schmerzhaft ist. Es ist schmerzhaft, in einem ständigen Loch zu leben, das nicht wirklich gefüllt werden kann. Ist das nicht in der Tiefe der Zustand der meisten Menschen, und ist es nicht das, was sie ihr Leben nennen: die Füllung eines Loches? Das ist das äußere Leben, die Füllung eines Loches; der innere Weg hingegen ist die Leerung eines inneren Loches. Das ist der Unterschied. Du nährst aktiv und unwissentlich den Schmerzkörper, und in dem Zuge entstehen immer neue Geschichten des Mangels. An Erfindungsgeist, neue Geschichten zu erfinden, mangelt es dem denkenden Geist ja erstaunlicherweise nicht. Erst erzeugst du Schmerz durch Mangelgeschichten, und dann hast du Angst vor dem Schmerz, flüchtest vor dem Schmerz und hast Angst, darin zu versinken. Aber was ist die Wurzel? Du musst erforschen, wie du Mangel eigentlich erzeugst, um das innere Konzept von Mangel endgültig zu entwurzeln, denn du solltest davon ausgehen, dass es sich um Formen künstlichen Mangels handelt, an denen du innerlich leidest. Wenn du bereit bist, diese geistig-emotionale Tendenz, die künstlichen Mangel hervorruft, aufzugeben, dann würde folglich auch kein künstlicher Schmerz mehr erzeugt. Ein Schmerz, der nur ein Ersatz für die Liebe ist, die immer da war.

ॐ

Mangel und Überhöhung

F: Wenn andere etwas sind oder haben, was ich nicht bin oder habe, finde ich das schwer erträglich. Ich will das dann auch! Ich kann sehen, dass das eine kindliche Haltung ist, mir fehlt aber der Zugang zu einem tieferen Verstehen. Wo ist da mein blinder Fleck?

OM: Ist nicht der Neidvolle derjenige, der ständig glaubt, nicht wirklich das zu bekommen, was ihm eigentlich zusteht? Und ist es nicht diese Haltung, diese Anspruchshaltung an Gott, diese Überanspruchshaltung an Gott, welche diese Zustände hervorbringt? Was gibt dir das Recht, diese Haltung aufrechtzuerhalten, wie rechtfertigst du diese Haltung?

F: Ich glaube, das entsteht aus einem permanenten Gefühl von Mangel, und der Geist macht daraus, irgendwas ist nicht richtig, irgendetwas fehlt. Das ist wie ein inneres Loch, das nie gefüllt ist, das immer da ist.

OM: Ja, Überhöhung entsteht aus Mangel. Aber Mangel entsteht aus Überhöhung. Was also war zuerst da, die Henne oder das Ei? Ist es nicht gerade jetzt für dich wesentlich, zu erkennen, dass deine Haltung von Überhöhung, von Überbeanspruchung des Lebens einen inneren Mangel in dir erzeugt? Ist es nicht so, dass jede Haltung der Überhöhung, die nicht eins ist mit *Dem-was-ist*, nicht eins mit der Realität, dass diese Haltung durch die Abwesenheit von SEIN zwangsläufig einen Mangel erzeugen muss? Ich spreche von dem, der nicht genau da ist, wo das ist, was IST, von dem, der sich vor dem SEIN versteckt. Der sich entzieht. Ist es nicht so, dass diese Nichtpräsenz zwangsläufig zu Mangelerscheinungen führen muss? Denn Mangel, innerer Mangel, ist nicht der Mangel an Etwas, es ist der Mangel an SEIN. Die Antwort darauf kann nur sein: bedingungslose Präsenz.

ॐ

Neid

Anmaßung des Neides

F: Ich merke gerade, dass ich vermeiden möchte es zu sagen, weil es mir extrem unangenehm ist: Ich bin wirklich bis zu den Haarspitzen voller Neid. Ich verstehe nicht, was ich da eigentlich will.

OM: Der Neidische sieht sich als Opfer und kultiviert die Rolle des Zukurzgekommenen. Was der Neidische ausblendet, ist seine Anmaßung. Seine narzisstische Anmaßung an das Leben, an Gott. Ein völlig überhöhter Anspruch in dem Glauben, ihm stünde ein ganz besonderes und ein ganz spezielles Geschenk zu. Ein ganz besonderes Geschenk für ein ganz besonderes Ich. Warum sollte er sonst neidisch sein auf Dinge, die ihn eigentlich gar nichts angehen? Wenn er vollkommen im Reinen wäre mit dem, was er bekommt, wenn er keinen überhöhten Anspruch hätte, dass ihm ständig irgendetwas anderes zustünde, etwas Größeres, Schöneres und Besseres, dann wäre er in Frieden.

Die Opferkultur des Neides verbirgt im Schatten eine Anmaßung, die glaubt, den Anspruch rechtfertigen zu können, vom Leben ein außergewöhnliches und besonderes Geschenk erhalten zu müssen. Wenn das nicht gewährt wird, dann versucht sie verbissen, nicht selten hasserfüllt, ihr Recht durchzusetzen, scheitert jedoch, weil das Scheitern in der Absicht des Neides inbegriffen und deshalb vorhersehbar ist. Claudio Naranjo[70] schrieb, der Neid pflanze einen „selbstfrustrierenden Faktor" in die Psyche des Menschen. Der Neid erreicht nie endgültig das, was er haben will, und das ist ein Teil seiner destruktiven Absicht, die der Neidische nicht durchschaut. Alle Leidenschaften haben eines gemeinsam: Sie täuschen den Menschen in ihrer Absicht, denn alle geben vor, ihn in irgendeiner Form zu befrieden, deshalb lässt der unbedarfte Mensch sich auf sie ein. Ein Selbsterforscher des inneren Weges lernt, wie es möglich ist, diese Eintrittstore ins Leiden nicht mehr zu öffnen.

Um den Neid zu durchschauen, ist es zuallererst notwendig, mit der inneren Aufmerksamkeit die Seiten zu wechseln. Der Neidvolle hält sich auf der Opferseite auf und verleugnet die Täterseite; diese Aufmerksamkeitsverlagerung ist Bedingung für die reibungslose Funktionsweise des Neides. Die Geschichte des ewig Zukurzgekommenen, die sich der Neidvolle gerne erzählen möchte, ist nur die eine Seite. Die andere Seite ist dieser völlig überhöhte Anspruch an das Leben, an die Liebe, an Gott. „Mir steht mehr zu!" Meinst du nicht, dass das Leben weiß, was dir zusteht? Eine Anmaßung, die fallen muss, denn der Neid und der ständige innere Mangel, die Mangelwelt, die er hervorruft, ist selbst erschaffen. Der neutrale Beobachter staunt nicht schlecht, wenn er den Neidvollen dabei beobachtet, wie er, ohne es wirklich zu bemerken, reale und wohlwollende Angebote des gegenwärtigen Augenblicks ignoriert, ja gar nicht wahrnimmt. Wer nur nach großen Geschenken Ausschau hält, während er die kleinen, die er erhält, jederzeit zurückweist, der muss sich nicht wundern, dass er in einer Welt des Mangels lebt.

Wer ständig glaubt, es besser zu wissen, welche Geschenke wann und wie an mich zu vergeben seien, der muss sich nicht wundern, wenn er vom Leben eines (noch) besseren belehrt wird.

ॐ

Zerstörungskraft des Neides

OM: Mich erreicht die Bitte, noch einmal etwas zum Neid sagen. Ich werde versuchen, die Tiefendimension dieser

Todsünde zu beschreiben und mich nicht lange mit dem oberflächlichen Laienverständnis aufzuhalten. Zunächst einmal, wir wissen das, lebt der Neid von einer Konkurrenzsituation zu „den Anderen". Andere, die es besser haben, sind das Futter für den Neid. Entweder sie haben bestimmte materielle Güter, oder sie besitzen bestimmte begehrenswerte Eigenschaften und Talente. Sie sind größer, reicher, schöner, sie sind klüger, reifer, fortgeschrittener und sie werden mehr geliebt. In jedem Fall *haben* sie etwas, denn am *Sein* ist der Neid ohnehin nicht interessiert. Und solange es diese „Anderen" gibt, hat der Neid kein Problem, sein aggressiv vergleichendes Spiel zu betreiben, wobei der Verlierer von vorneherein feststeht, sodass sich die Sich-selbst-erfüllende-Prophezeiung erfüllt.

Seine Schwierigkeiten beginnen erst dann, wenn in einem Prozess der Verinnerlichung plötzlich „die Anderen" verschwinden. Sie sind einfach nicht mehr da. In dem Moment erkennt der Neidische, dass mit dem Verschwinden der „Anderen" keinesfalls der Neid verschwunden ist. Jetzt gibt es einen Konflikt, der weit größer ist als der Konflikt in der ersten Phase dieses Erkenntnisvorgangs, als nämlich der Neid noch „die Anderen" hatte, an denen er sich abarbeiten und ausagieren konnte. Jetzt gibt es nur noch Ich und mich selbst. Was bedeutet das? Bedeutet das, ich bin neidisch auf mich selbst? Das ist der entscheidende zweite Schritt im Erkenntnisprozess, der sich um den Neid dreht, eine der machtvollsten Leidenschaften einer säkularisierten Gesellschaft, in der wir heute leben. Tatsächlich wird der Neid von Theologen als die „weltlichste" der Leidenschaften aufgefasst. So hat der Neid über die Jahrhunderte zunehmender Verweltlichung seit

Beginn der Aufklärung deutlich an Macht gewonnen, er hatte früher nicht die gleiche Bedeutung wie heute.

F: Aber wie kann ich neidisch sein auf mich selbst?

OM: Es wird noch deutlicher, wenn wir den *Neid* durch *Missgunst* ersetzen. *Gunst* bedeutet Wohlwollen, Erlaubnis, oder Bevorzugung. Wenn also ein Ich missgünstig auf sich selbst ist, so bedeutet das auf dem inneren Weg: Ich gönne mir nicht den Frieden, ich gönne mir nicht die Freiheit, ich gönne mir nicht die Größe meiner Selbst, ich missgönne mir die Wahrheit dessen, was ich wirklich BIN. Erst wenn der Neidbesetzte in dieser Innerlichkeit des Neides angekommen ist, ist er am eigentlichen Kern der Angelegenheit. Und das tut weh. Es tut weh, weil die Missgunst auf sich selbst ein destruktiver Akt gegen das Selbst ist. Und hier wird die Nähe des Neides zur Leidenschaft des Zornes sehr deutlich. Zorn und Neid, diese beiden Leidenschaften gehören zusammen, sie sind Geschwister, vereint in ihrer Aggressivität.

Wenn ein innerer Schüler dieser geistigen Haltung bewusst ins Auge sieht: „Ich missgönne mir die Freiheit meiner selbst", dann ist es Zeit für den heilsamen Augenblick *bewussten Leidens*[71]. Dieser Wahrheit ins Auge zu sehen, ist schmerzlich und es ist der Beginn einer wirklich ernstzunehmenden Wandlung, einer Transformation in deinem Bewusstsein.

F: Ja, ich habe beobachtet, dass es der Neid in mir ist, der Einsicht oder Erkennen zerstört. Ich will es mir nicht mehr erlauben, diese Zerstörung zuzulassen. Und was ich jetzt nicht weiß, ist diese Verbindung von Zorn und Neid, denn mir kam es für einen Moment so vor, als sei das, was in mir aufsteht, so etwas wie eine Kraft, die von unten kommt und wirklich ‚Stopp' sagt.

OM: Die Zerstörungskraft des Neides wird unterschätzt. Es ist tatsächlich so, wie du sagst, dass der Neid einen Erkenntnisprozess zerstört, und das ist aus der Perspektive des inneren Weges die gravierendste Auswirkung. Bei den Leidenschaften handelt es sich um für den Menschen in ihrer Essenz zunächst nicht ersichtliche, unterbewusst agierende Kräfte, die von der Kirche auch deswegen als Todsünden bezeichnet worden sind, weil sie todbringender Natur sind. Wir können das als Tod von Erkenntnis verstehen. Wenn wir von einem Erkenntnisprozess im höchsten Sinne, also in einer spirituellen Dimension, sprechen, dann bedeutet das, dass sich etwas, das nicht real war, mit der Realität verbindet und eins wird, sodass nur mehr das übrig bleibt, was real ist. Eine nicht reale, geistige Vorstellung, eine Illusion, berührt die Realität und zerplatzt durch die Berührung wie eine Seifenblase. Diesen inneren Vorgang im Bewusstsein nennt man Erkenntnis. Eine vollkommene Erkenntnis kann nicht mehr zunichte gemacht werden. Nun ist dieser Vorgang gewöhnlich jedoch ein Prozess der Vertiefung, und in den seltensten Fällen ist es so, dass einmalige Erkenntnis radikaler, spontaner und umfassender Natur ist. Während dieses Prozesses der Vertiefung kann Erkenntnis wieder zunichte gemacht werden, beispielsweise durch die Einwirkung der Leidenschaft des Neides. Er initiiert einen Prozess schleichender Zersetzung, in dem Zweifel in Erscheinung treten können, die aber in Wirklichkeit auf Neid gründen.

Die Zerstörungskraft des Neides ist fehlgeleitete Kraft der Zerstörung. Das Ich will zerstören, hat die Absicht zu zerstören, will sich selbst zerstören. Es ist nicht unsere Aufgabe, uns von dieser Kraft grundsätzlich zu lösen, vielmehr geht es immer nur und ausschließlich darum, dass alles in die rechte Bahn geleitet wird. Ich könnte auch sagen, in die rechten Hände gegeben wird. Die Zerstörungskraft gehört nicht in die Hände des Ichs, denn das, was wirklich für die Freiheit der Seele zerstört werden muss, kannst **du** nicht zerstören. Es kann nur durch Gottes Willen zerstört werden. Der Neid beinhaltet einen Machtanspruch der Zerstörung, der gehen muss. Doch es ist für dich und für deinen Weg wesentlich, diese Kraft durch dich wirken zu lassen. Du sagtest, dass in dir eine Kraft „von unten" kam und „Stopp" sagte: Das ist Zerstörungskraft in Diensten des Herzens. Nicht du hast „Stopp" gesagt. Es wurde in dir „Stopp" gesagt.

ॐ

Verwechslung von Haben und Sein

F: Ich würde gerne über den Neid sprechen. Ich bin die ganzen Tage dabei, das zu erforschen; mich berührt im Neid sehr stark der Masochismus. Die Verführung der Kraft, die im Neid liegt, die sehe ich jetzt. Also überhaupt Kraft wahrzunehmen und sie als „meine" zu sehen, darin liegt die Verführung. Wenn der Neid wirkt, dann kommt der Schmerz, weil es immer darum geht, jemand zu sein.

OM: Woran macht sich denn der Neid fest?

F: Oh da gibt es unendliche …

OM: Nein, es gibt Muster, die wir erkennen können. An was macht sich der Neid fest? Es dreht sich nicht um „irgendetwas".

F: Es geht um die Liebe, um Beziehung, um Aufmerksamkeit. Darum dreht es sich, um den Schein.

OM: Die, die einen besseren Schein haben, werden beneidet?

F: Ja, ums Aussehen, um die Aufmerksamkeit, um im Zentrum stehen, um besser sein als ich, all diese Dinge.

OM: Ja, also die, die mehr bekommen, die mehr **haben**. Der Neid gehörte am Anfang gar nicht zu den Todsünden, erst im 6. Jahrhundert, als Papst Gregor I. den Kanon der Todsünden neu zusammenstellte, wurde der Neid hinzugefügt. Das lag daran, dass der Neid in den spirituell ausgerichteten klösterlichen Gemeinschaften keine große Rolle spielte. Der Neid kam erst dann ins Spiel, als sich die Perspektive in die säkulare Welt weitete. Da ging es plötzlich um ganz andere Dinge als in der Klostergemeinschaft, der schöne Schein gewann an Bedeutung, die gesamte auf „Haben" ausgerichtete Kultur des Ichs, die heute die Masse einer entspiritualisierten Gesellschaft beherrscht, konnte sich immer mehr entfalten. Hier drehte sich alles um das „mehr haben", um das „besser haben". Der Neid ist eine wesentliche Antriebskraft für die Habenkultur des Ichs.

Das ist besonders entlarvend für einen eigentlich spirituellen Menschen, der sich auf dem inneren Weg befindet, sich eingestehen zu müssen, dass der Neid eine Kraft ist, die weder am spirituellen Weg, noch am wahren Wesen interessiert ist, selbst Erleuchtung glaubt er „haben“ zu können. Das heißt der, der sich dahinter verbirgt, ist ein Materialist, jemand, der einer ganz primitiven Maxime folgt: Wer hat, der hat. Und wer nicht hat, der hat nicht. Das ist die Welt des Neides, und es spielt nicht so sehr eine Rolle, ob es sich um materielle Güter handelt, um emotionale oder um geistige Güter, die er in den Besitz eines Jemand nimmt. Auch spirituelles Wissen kann von einem Jemand gesammelt werden und so zu einem Teil der Habenkultur verkommen.

Spirituelles Wissen, also das innere Wissen der Befreiungslehren, verliert seine eigentliche Bedeutung, wenn es von einem Ich angesammelt, in Besitz genommen wird. Auf welcher dieser Sphären dieser Materialismus wirkt, das hängt davon ab, in welchem kulturellen Umfeld, in welcher Gruppe von Menschen sich dieser Mensch bewegt. Unter spirituell Suchenden geht es nicht so sehr um den Vergleich materieller Güter, das wertvolle Gut, um das das Ich konkurriert, sind spirituelle Werte und Tugenden. Wenn der Neid in die Gemeinschaft innerer Menschen gerät, dann sublimiert er seine Anforderungen und passt sie an die spirituellen Werte an. Er wird vom grobstofflichen Materialisten zum spirituellen Materialisten. Der Materialismus ist jedoch exakt derselbe. Dem gilt es, ins Auge zu sehen. Hörst du das?

F: Ich höre das. Ich finde das erschreckend. Das ist in mir, unverändert. Es gibt in mir diese Stimme eines Materialisten, die sagt: Ich will haben. Das ist so eine starke Kraft in mir, ich weiß gar nicht, wo das herkommt. Ich frage Dich: Wieso muss ich haben, *wo kommt das her?*

OM: Weil du in der Tiefe deiner Seele immer noch eine Verwechslung hast zwischen Haben und Sein. Und weil Haben für dich Sein ist. „Haste was, biste was." Nichts mehr zu haben, bedeutet ja in deiner Welt, nichts zu sein, und das setzt Todesangst frei. Nichts zu haben, innerlich nichts zu besitzen, das ist in Wahrheit die Freiheit deiner Seele. Und diese Freiheit musst du mehr wertschätzen, als durch Haben jemand zu sein.

ॐ

Schmerz

Beziehung zum Schmerz

F: Manchmal fühle ich einen feinen Schmerz, einen seelischen Schmerz, ganz nüchtern, wie er kommt und geht. Zu anderer Zeit finde ich Schmerz dann wieder unerträglich quälend, ich will ihn dann möglichst schnell loswerden. Wodurch entstehen diese unterschiedlichen Empfindungen?

OM: Ist in diesem Moment der Schmerz direkt fühlbar?

F: Nein.

OM: Gut, wenn der Schmerz wiederkommt, dann schau genau hin, denn die Frage ist, an welchem Punkt genau wird Schmerz zu *deinem* Schmerz. Natürlich handelt es sich um den Normalzustand des einfachen Menschen, der selbstverständlich nicht nur von „meinem" Schmerz spricht, sondern ihn auch als „mein" Schmerz fühlt. Aber der einfache Mensch kann nicht deine Referenz sein. Die Menschen leiden nicht an Schmerzen, sie leiden an ihren Beziehungen zu Schmerzen. Für den *einfachen* Menschen ist das dasselbe, doch ist diese Einschätzung der Ignoranz geschuldet.

F: Aber wie gehe ich denn in Beziehung zum Schmerz? Schmerz ist einfach da.

OM: Nein, er ist da, weil du mit ihm in Beziehung gegangen bist. Du übst Kontrolle aus über den Schmerz, und das ist in jedem Fall Beziehung. Wenn du den Schmerz kontrollierst, um ihn nicht zu fühlen, bist du längst in Beziehung getreten. Das Ich stellt also eine Beziehung zum Schmerz her in der Absicht, weniger zu leiden. Es ist reine Unwissenheit, denn die innere Lehre lehrt genau das Gegenteil. Es benötigt eine deutliche Vertiefung deines Bewusstseins, um das herauszufinden. Wenn du den Mut hast, hier weiter zu gehen und weiter nach innen vorzudringen – in den Kern, in die Essenz, in die unpersönliche Essenz dieses Gefühls, dann wirst du Zeuge eines Vorgangs der Transformation, den nicht viele Menschen in ihrem Inneren endgültig erleben. Es ist die Verwandlung von Schmerz in Liebe. Wisse, ich spreche nicht metaphorisch, nicht theoretisch, ich spreche nur von realen Erfahrungen, die von fortgeschrittenen Schülern des Weges immer wieder gemacht wurden. Die Erfahrung einer inneren Transformation ist im Kern immer dieselbe, weil sie wissenschaftlich ist, also nur durch die Methodik der *Inneren Wissenschaft*[72] überhaupt getätigt werden kann. Aber wir können diese Transformation nicht tun, alles was wir tun, ist Beziehung zum Schmerz, und das war ja gerade die Definition von Leiden aus der Erwachenslehre.

F: Aber wenn ich nichts tun kann, dann hört der Schmerz nicht auf.

OM: Das ist die immer gleiche Logik des Macher-Ichs, welches sich als unverzichtbar verkaufen will. „Solange ich nicht am Rad drehe, dreht sich hier gar nichts." Wenn du den Prozess der Transformation durch erkennendes *Nicht-Tun*[73] zulassen kannst, so zeigt dir dieser Prozess auch, dass dieser Schmerz nur eine Schicht war, und dieser Prozess des Fallens führt dich durch alle Schichten hindurch.

ॐ

Der Körper – ein Schmerzendlager

OM: Hast du seelischen Schmerz?

F: Ja.

OM: Und verlagerst du seelischen Schmerz in den Körper? Du nimmst ihn dann körperlich wahr?

F: Ja.

OM: Warum?

F: Es ist kindlich, wie besser greifbar. Ich kann an eine Stelle fassen. – Nein, das stimmt nicht. Weil es weniger schmerzt, als mich auf das andere einzulassen.

OM: Willst du damit sagen, dass der körperliche Schmerz

dann weniger schmerzt, als wenn du den Schmerz direkt im Herzen wahrnimmst?

F: Ja.

OM: Dann benutzt du den Körper als einen Puffer für Schmerz. Ein Schmerzendlager. Das heißt, dein Körper leidet darunter, dass du seelischen Schmerz, der da gar nicht hingehört, in ihm ablagern möchtest.

F: Ja.

OM: Weil du nicht bereit bist, ihn direkt wahrzunehmen. Wenn wir so große Angst haben vor Schmerz, auch dann müssen wir Selbsterforschung einsetzen und genauer hinschauen, was uns eigentlich solche Angst macht. Und vielleicht stellen wir fest, dass uns die Intensität Angst macht, dass wir vielleicht nicht bereit sind, bestimmte Grenzen innerer Intensität zu überschreiten, dass wir es vorziehen, in der Seichtheit eines oberflächlichen Lebens zu verweilen. Kontrolliert, vorhersehbar, gemütlich. Und andererseits bist du hier, weil du eben diese Wiedererweckung deiner Seele ersuchst. Das Wesen deiner selbst. Aber wie geht das zusammen, wenn du in die Vermeidung innerer Intensität investierst, indem du Schmerz im Körper ablagerst, anstatt ihn einfach dort zu erfühlen, wo er ist, und dann hindurch zu fallen? Was sagst du dazu?

F: Dass ich immer wieder nach einem Ausweg suche, dies zu umschiffen, obwohl ich es schon x-mal anders gehört habe. Es ist so.

OM: Nimm, wo immer es dir möglich ist, den direkten Weg.

ॐ

Widerstand der Eisprinzessin gegen Schmerz

OM: Lass uns darüber sprechen, was die Eisprinzessin in dir mit dem Schmerz macht. Schmerz ist nicht gleich Schmerz, hier müssen wir unterscheiden. Es gibt Schmerz, der schmerzhaft ist. Und es gibt Schmerz, der nicht schmerzhaft ist. Das Erstaunliche ist, dass jener Schmerz, dem ich mich hingegeben habe, der nicht schmerzhafte Schmerz ist. Während jener Schmerz, gegen den ich – und das seit scheinbar ewigen Zeiten – Widerstand leiste und den ich versuche abzuwehren, genau der Schmerz ist, der der eigentlich schmerzhafte ist. Er bringt jenes Phänomen hervor, das dann wirklich weh tut – und es ist nicht eine reine, dem Schmerz innewohnende Eigenschaft. Ich könnte also sagen, das, was uns wirklich weh tut, ist nicht der Schmerz selbst, sondern jenes verwobene, geistig-emotionale System, eine innere Gemengelage, die wir aufgrund von ungenauer Innenschau für den Schmerz selbst halten, die jedoch in Wirklichkeit aus einem in Widerstand verstrickten Schmerz besteht.

Was macht nun die Eisprinzessin? Die Einfrierung ist ihre Methode des Widerstandes. Es handelt sich um eine „weibliche Methode". „Männliche Methoden" der Abstumpfung, des gewaltsamen Widerstandes sind von gröberer Natur. Die Einfrierung ist eine weibliche Methode zur Vermeidung verschiedenster Phänomene, die zusammengefasst allesamt einzuordnen sind unter der Empfindsamkeit der weiblichen Seele. Diese Empfindsamkeit, Zartheit, Feinheit möchte mit dir in Kontakt treten, und anstatt diese innere Begegnung zuzulassen, frierst du sie ein und verweigerst die Begegnung. Diese Einfrierung erlaubt dir die Distanz, die du brauchst, um dich sicher fühlen zu können. Sicher vor dem inneren Feuer, denn es geht hier nicht nur um eine Einfrierung von Schmerz. Und wenn du all das sehen kannst, dann siehst du, dass das, was eingefroren wurde, auch wieder schmelzen kann. Damit Eis schmelzen kann, braucht es Hitze. Was repräsentiert denn die Hitze in dir selbst?

F: Mein Feuer zur Wahrheit.

OM: Ja. Im umfassenden Sinne schon, aber was ist es im ganz direkten Sinne? Menschlich gesehen?

F: Also, was noch da ist, ist mein Interesse für mich selbst als Mensch.

OM: Ja, die Nähe zu dir selbst, im direkten Sinne aber ist es die **emotionale** Nähe zu dir selbst, die deine innere Temperatur ansteigen lässt. Die Bereitschaft, dich selbst zu fühlen, dein Herzzentrum wieder wahrzunehmen, anstatt, so wie du es immer praktiziert hast, davon zu laufen, um Abstand zu gewinnen zu dir selbst. Du lebst bis heute in der Vorstellung, dich schützen zu müssen. Finde heraus, vor wem oder was du dich wirklich glaubst schützen zu müssen? Dem schutzbedürftigen Zarten in dir muss etwas äußerst Grobes gegenüberstehen. Beides ist in dir selbst. Solange deine innere Realität aus einem Kampf zwischen dem Schwachen, Zarten und Feinen auf der einen Seite und dem Starken,

Groben, potenziell Gewalttätigen auf der anderen Seite besteht, wiederholt sich dasselbe Muster. Das Schwache will sich schützen, um nicht verletzt zu werden, während das Starke missbräuchlich agiert, um Kontrolle, Macht und die Oberhand zu behalten. Damit die Einfrierung schmelzen kann, braucht es eine ganz neue Perspektive auf das Schwache in dir. Bisher wird ein innerer Kampf ausgefochten, in dem die Überlegenheit des Starken den Kampf immerzu für sich entscheidet. Jetzt stellen wir uns vor, dass dieses Schwache nicht mehr mit Widerstand belegt wird, um es zu schützen, sondern beginnt sich hinzugeben und so zunehmend transparenter wird. Der innere Kampf, der immer zwei Parteien benötigt, geht zu Ende und eine fühlende, innere Nähe stellt sich ein. Dies ist die innere Hitze, die die Eisprinzessin braucht, um zu schmelzen.

ॐ

Sehnsucht

Sehnsucht – der natürliche Sog nach innen

F: Ich bin jetzt neun Monate hier und habe in verschiedenen Prozessen sehen können, dass ich mich früh verlassen habe. Und dazu passt ein Traum, den ich tausendmal geträumt habe: Ich befinde mich im Ausland, weit weg, in Übersee und habe den Wunsch, nach Hause zu kommen, nach Hause zu fahren, zu fliegen, mit dem Schiff, der Bahn. Und es gibt immer Hindernisse, die diesen Wunsch nicht in Erfüllung gehen lassen. Es ist eine ganz starke Sehnsucht, heimzufinden in meinem Geist. Und die Frage ist jetzt, muss ich diese Sehnsucht auch noch fallen lassen?

OM: Das, was wir den inneren Weg nennen, ist der Weg nach Hause, der Weg dahin, wo wir schon sind. Es gehört zu den großen Rätseln dieses Geistes, dass es tatsächlich Widerstände in uns gibt, die nicht nach Hause einkehren wollen. Es gibt Kräfte in den Menschen, die wollen nicht nach Hause. Diese Kräfte können manchmal als äußere Hindernisse in Erscheinung treten, aber meist sind diese Kräfte als innere Bewegungen zu bezeugen, welche dann in Handlungen führen, die aus der Sicht des einfachen Menschen wie „Wunscherfüllung" und aus Sicht der inneren Lehre wie „Ablenkung" erscheinen. Wir müssen diesen Kräften begegnen. Stell dir vor, ein innerer Lehrer würde in die Welt hinausgehen und ausrufen: „Kommt alle her, Erleuchtung ist für alle da!", warum kämen nicht alle mit offenen Armen? Warum ist kaum jemand interessiert? Warum überhören sie das? Dieser Geist hat kein vollständiges Interesse heimzukehren, und es gibt Kräfte, die sich dagegen wehren, heimzukehren. Diesen Kräften muss ein Schüler des inneren Weges ins Auge schauen, um sich dann dieser Sehnsucht, die du beschreibst, anzuvertrauen, die wie ein natürlicher Sog im Bewusstsein ist, der nach innen zieht. Weder muss die Sehnsucht künstlich angefeuert werden, noch muss sie aufgegeben werden. Du musst sie einfach nur lassen, einfach nur bei ihr bleiben und nicht vor ihr zurückweichen. Es ist die innere Aufmerksamkeit, welche ihr das Feuer gibt, das sie braucht.

Und warum können Menschen nicht bei ihr bleiben? Weil es Gegenkräfte in ihrem Geist gibt, von denen die machtvollste die Vergessenheit ist. Ich inkarnierte auf dieser Erde, um eine Reise nach innen, zum SELBST[74] anzutreten, doch ich vergaß, dass es eine Reise nach innen war. Ich vergaß den Sinn des Lebens, den einzigen wahren Grund, warum ich überhaupt hier bin. Der Traum zeigt die Gegenkräfte immer noch aus der Opferperspektive. Du musst die Opferperspektive verlassen, wenn du den Gegenkräften ins Auge schauen und sie dem wahren Willen unterwerfen möchtest. Wenn in dir selbst alles vereint ist und nur mehr in diese Sehnsucht fließt, die nicht angestrengt angetrieben werden muss, weil sie ein natürlicher Sog nach innen ist, der dich immer tiefer ins Herz zieht, gibt es nichts zu tun.

ॐ

Zwei Richtungen der Sehnsucht

OM: Einen ernstzunehmenden Schüler des inneren Weges erkennt man daran, dass die Sehnsucht nach dem SELBST alle anderen Sehnsüchte verschlungen hat. In der menschlichen Seele wartet eine tiefste Sehnsucht auf ihre Erweckung, sie existiert in jedem Menschen, nur gibt es eine sehr geringe Zahl von Menschen, die den Zugang zu dieser tiefsten aller Sehnsüchte in diesem Leben nicht verloren haben. Das in der indischen Philosophie verwendete Symbol der zusammengerollten, schlafenden Schlange ist nicht nur ein Symbol für die schlafende Kraft der Kundalini im Menschen, es beschreibt die schlafende Seele an sich und mit ihr die Seelenkräfte, zu denen die Sehnsucht gehört. Manchmal hören wir Geschichten von Menschen, die berichten, dass diese Sehnsucht in einem bestimmten Kindesalter aufflammte, einfach so, dass sie dann aber durch die unendlichen Ablenkungen äußeren Lebens verschüttet wurde und erst vor kurzem wieder auftrat.

Sehnsucht kennt zwei Richtungen. Wenn ein Mensch von „Sehnsucht in meinem Herzen“ berichtet, so ist das noch nicht zwingend der Hinweis auf ein Heilmittel. Denn dieser Mensch kann mit der Sehnsucht die falsche Richtung nehmen, und sich nach außen treiben lassen. Der unwissende Mensch wird durch Sehnsucht dazu verleitet.

Erst eine reife Seele, die das Wesen der Sehnsucht in der Tiefe erkennen kann, wird von dieser Sehnsucht nach innen gezogen. Es ist die gleiche Kraft, aber dieser Strom ändert seine Richtung, wenn er in den Dienst von verblendeten Ideen des denkenden Geistes gestellt wird. Sehnsucht heißt auf Englisch *longing*, also ‚langen'. Die Frage lautet also: Wo lange ich hin?

ॐ

Die Bettlerin und die Dienerin der Liebe

F: Ich glaube, ich bin süchtig danach, Liebe zu bekommen, nach lieben Augen, die mich anschauen.

OM: Ja, liebe Augen, die dich **für immer** anschauen. Aber leider findest du immer nur diese vergänglichen Augen, die dich für kurze Momente anblinzeln. Schau, was aus dir geworden ist: Die Sucht nach der unerfüllten Liebe hat aus dir eine Bettlerin gemacht. Das bist du nicht! „Bitte gib mir diese Liebe, die ich verloren habe.“ Du bettelst um diese kurzen Momente, wo du sie im Außen siehst, wo sie dich mit lieben Augen anschaut. Du verbringst dein Leben damit, auf diese kurzen Momente zu warten. Wenn diese Momente nicht so eintreffen, wie du sie erwartest, bist du enttäuscht, zornig, und in dir baut sich Hass auf, Frustration, Resignation. Und dann fühlt sich der Unwert bestätigt. Es ist eine fruchtlose Suche nach der Liebe am falschen Ort, die sich einfach nicht erfüllt. Weil diese vergänglichen Augen, in denen sie gesucht wird, niemals die vollkommene Erfüllung bringen, die du eigentlich suchst.

Merkst du, wie weh das tut, sich in diese Bettlerrolle begeben zu haben? Jedes Ich, welches in der unerfüllten Liebe gefangen ist, wird in diese Rolle gezwungen. Diese aufgezwungene Rolle wird dann in der Persönlichkeit durch ein unabhängiges Selbstbild kompensiert, das sich versucht, in der Arbeit, im Beruf, in der Partnerschaft, oder ganz allgemein durch irgendeine Form des „Amazonendaseins" zu beweisen. Aber damit wird die angenommene Identität der Bettlerin nicht überwunden.

Doch anstatt die Bettlerin zu verurteilen und sich über sie zu erheben, lass sie uns genauer betrachten, ihre Missverständnisse aus dem Weg räumen. Es ist nicht so, dass die Bettlerin an sich falsch ist, doch müssen wir zu ihrer Essenz vorstoßen, um ihr eigentliches Wesen zu erkennen. Die Essenz dieser falschen Bettlerin ist die Dienerin, die Dienerin des göttlichen Selbst. Die Dienerin der Liebe, die sie bereit ist zu empfangen, wenn sie aufgibt, danach zu greifen und darum zu betteln.

Verschwende dein Leben nicht mehr damit, um Liebe zu betteln. Es ist hoffnungslos. Genauso hoffnungslos ist übrigens der Versuch, sich von ihr unabhängig zu machen. Das ist doch eine gute Nachricht?

F: Ich spüre doch die Sehnsucht manchmal so stark.

OM: Nun, dann gib dich dieser Sehnsucht hin. Lass dich von dieser Sehnsucht nach innen führen. Und hör auf, sie dafür zu benutzen, immer wieder nach außen zu gehen. Nutze sie zur Einkehr, und sie führt dich zu jenem Archetyp der Seele, den ich die Dienerin des Göttlichen, des göttlichen Selbst nannte. Das göttliche Selbst wird nicht durch betteln erkannt, um Liebe kannst du nicht betteln, denn das, was du bekommst, ist nur eine Imitation davon. Wandelt sich die Bettlerin jedoch in eine wahre Dienerin des SELBST, so findest du das, was Gangaji den „Diamanten in deiner Tasche" nannte.

ॐ

Stolz

Das Ich ist zu klein für die Liebe

OM: Es gibt so manche Frauen, die schreiben mir in ihren Briefen viel von ihren Emotionen, sitzen aber verhalten und kontrolliert hier im Darshan. Für sie ist der schriftliche Ausdruck eine sichere Form der distanzierten Emotionalität, weil sie gleichzeitig zu stolz sind, sich in eben diese Emotionalität für einen Moment bewusst gehenzulassen, die sie ständig festhalten. Wenn sie zu stolz sind, sich gehenzulassen, heißt das, dass sie zu stolz sind, den Kopf zu beugen. Sich bewusst gehenzulassen ist etwas vollständig anderes, als das, was der Begriff im Sprachgebrauch des einfachen Menschen ausdrücken will: einen Kontrollverlust, der eigentlich hätte verhindert werden müssen. Sich bewusst gehenzulassen bedeutet, eine künstliche Form von Aufrechthaltung aufzugeben, wie sie dem Stolz zu eigen ist. Was möchte dein Stolz eigentlich aufrechterhalten? Ist dein Selbstbild einer „starken Frau", die der Welt etwas beweisen muss, nicht in Wirklichkeit ein Konstrukt des Stolzes?

F: Sie will, glaube ich, Gott etwas beweisen.

OM: Dass sie ihn nicht braucht? Dass sie unabhängig sein will? Unabhängigkeit ist ein Konzept aus einer pubertären Entwicklungsstufe des denkenden Geistes. Das geschaffene Objekt will unabhängig von seinem Schöpfer werden! Dein Ich hat eine Fehleinschätzung seiner Machtposition. Das, was du mit „Ich" bezeichnest, ist in jedem Fall ein Objekt, kein Subjekt. Es ist für die innere Lehre nicht notwendig, ein Gottesbild gläubiger Menschen einzuschalten, einen angenommenen Schöpfer herbeizuzitieren, um das zu erkennen.

Wir dürfen nicht immer wieder dieser Innen-Außen-Ebenen-Verwechslung verfallen. Äußere Unabhängigkeit, die ohnehin relativ ist, ist nicht gleichzusetzen mit innerer Unabhängigkeit. Innere Unabhängigkeit ist eine Illusion, es gibt sie nicht. Es handelt sich um ein Konstrukt deines Geistes, ein Jemand, der für eine getrennte Identität kämpft und ständig versucht, eine falsche Abgrenzung aufrechtzuerhalten. Das führt zu einem Kampf mit der Liebe, dieser Kampf wiederum erzeugt Schmerz, dieser Schmerz wiederum wird unterdrückt und kontrolliert, was den Kreis schließt.

F: Ich habe bemerkt, dass ich der Liebe misstraue. Wenn ich näher schaue, sehe ich, dass es um Stolz und Überhöhung geht. Etwas sagt in mir: „Das ist nicht gut genug!", oder urteilt über die Liebe. Es sieht aus wie der Advokat des Teufels und möchte mich überzeugen, dass es nicht gut ist, dass die Liebe unberechenbar ist. Dann schließe ich mein Herz und gehe auf Distanz.

OM: Ich übersetze dir einmal die Aussage deines Geistes: „Das ist nicht gut genug!" Was er wirklich sagen will, ist: „Ich bin zu gut für die Liebe!" Der, der Ansprüche hat, die weit über *Das-was-ist* hinausgehen, der spricht so. Es ist die andere Seite des Minderwerts. Auf der einen Seite ist da ein Teil, der sehnt sich nach der Liebe, der erfährt Mangel an Liebe, und dann ist da auf der anderen Seite jemand, dem ist die Liebe nicht gut genug, dem reicht das alles nicht, der fühlt sich erhaben über die Liebe. Und wenn die Liebe dann einfach da ist, dann will er sie gar nicht. Es ist ein Spiel mit der Liebe. Wie kommst du auf die Idee, dass der Geist mit der Liebe spielen könnte? Ist sie ein Spielzeug des Geistes, der sie nehmen oder zurückweisen, sich über sie erhöhen, oder unter sie erniedrigen kann, so wie es ihm beliebt? Offensichtlich gibt es jemanden in dir, der das noch nicht ernst nimmt und glaubt, die Liebe sei ein Spielzeug des Ich-Geistes und man könne damit machen, was man will. Einem naiven zwanzigjährigen Mädchen können wir diese Ignoranz nachsehen, aber ein Mensch des inneren Weges ist an der Wirklichkeit interessiert und kultiviert die Praxis der Selbsterforschung. Wie kann dieses Spiel beendet werden? Das Entscheidende ist doch, ich kann nur damit spielen, solange ich mir vormache, dass ich weiß, womit ich überhaupt spiele. Dass ich eigentlich keine Ahnung habe, dass ich unwissend bin, dieses Bekenntnis führt zu einer neuen Form von Respekt und Wertschätzung gegenüber der Größe der Liebe. Ich kann gar nicht damit spielen, denn das Ich ist zu klein und die Liebe ist zu groß.

ॐ

Die Angst zu versagen

F: Ich möchte der Wahrheit treu sein, aber da ist so eine Versagensangst.

OM: Versagensangst ... Gut, und wenn ich dir einfach sage: Versage! Versage einfach - jetzt. Erlaube dir zu versagen. Was ist falsch daran, zu versagen? Entspanne dich hinein in dieses Versagen. Schließe diese Möglichkeit nicht aus, schließe sie ein. Siehst du, wenn du auch das einschließt, so wie du alles, wirklich alles, einschließen kannst, dann wird es plötzlich ganz einfach. Du musst nicht lernen, es besser zu machen, damit du nicht versagst. Das ist Teil des Überlebenskampfes des Ich, in diesem Falle ein emotionaler Überlebenskampf: Mein ganzes Leben lang muss ich versuchen, es so gut zu machen, dass das Damoklesschwert des Versagens nicht auf mich niederfahren kann. Also versage einfach. Das ist SEIN in Darshan. Es ist der Einschluss von allem, was du jemals vermieden hast, dieses erkennen, dass es nicht falsch ist; nichts ist falsch. Du hast es zu dem **gemacht,** was falsch ist. **Du** hast es falsch **gemacht.** Nicht Gott. Nicht Gott hat gesagt, zu versagen ist falsch.

Lass uns einen Blick werfen in das System des Versagens. Dieser Geist hat Angst zu versagen, weil er seinen eigenen selbstgeschaffenen Idealvorstellungen nicht genügt. Erst erschafft er Idealvorstellungen, und dann hat er Angst, an seinen eigenen Vorstellungen gemessen zu werden und daran zu versagen. Ist das nicht absurd? Weißt du, was ein Ideal ist? Ein Ideal ist etwas, was nie eintritt. Ein Ideal ist eine Illusion. Das Ich glaubt, ein Ideal zu brauchen, um sich daran orientieren zu können, eine Vision zu haben von „meinem" Leben, vom Edlen und Guten in der Zukunft, denn „es kann nur besser werden". Aber ist dir je aufgefallen, dass dieses Ideal nie eintritt? Dass es einfach nie endgültig geschieht, die Übereinstimmung des Ideals mit *Dem-was-ist?* Das ist Leiden. Eine der Definitionen des Leidens, welche die innere Lehre gibt, ist: Ein Ich, welches nicht Eins ist mit *Dem-was-ist*.

Um dich deinem natürlichen Zustand wieder anzunähern, musst du jedes Ideal aufgeben, jeden Versuch, perfekter zu sein als das Leben selbst. Dieses Ich hat den Anspruch, besser zu sein als Gott, größer zu sein als Gott, es einfach besser zu machen als Gott, Gott eine Lehrstunde zu erteilen. Und von diesem falschen Thron muss das Ich fallen. Früher oder später wird es fallen. Dieser Fall ist das Versagen. Die Demut aufzubringen, sich dieses Versagen einzugestehen, das ist ein wesentlicher Moment. Ein spiritueller Moment. Ein Moment der Erkenntnis. Ein Moment der Hingabe, ein Moment, in dem der spirituelle Weg erst beginnt. Hinter der Angst zu versagen liegt der versteckte Stolz: Vielleicht schaffe ich es im Moment nicht, es besser zu machen, aber ich weiß, ich könnte es, wenn ich nur dieses und jenes noch schaffen würde – irgendwann; ich arbeite daran.

Du musst nicht besser sein als Gott, und du musst auch nicht schlechter sein als Gott. Deine Aufgabe ist es, zu sein, wer du bist, ohne zu wissen, wer du bist.

ॐ

Die Unwirklichkeit muss gedemütigt werden

F: Trotz aller körperlichen Widrigkeiten sitze ich hier heute im Darshan. Die Versuchung erscheint mir sehr groß, mich nicht einzubringen, mich zu verstecken. Aber mir stellt sich ganz brennend die Frage, „Wer bin ich wirklich?", und die möchte heute beantwortet sein.

OM: Es ist gut, wenn sich dir diese Frage brennend stellt. Das höre ich selten. Es ist eine Frage, die nicht vom Geist gestellt werden kann, es ist eine Frage, die nur brennen kann. Die meisten Menschen brennen auf Sparflamme, deshalb brennt auch diese Frage nicht in dem Ausmaß, in dem sie brennen müsste, um ihre eigene Antwort zu finden. Die Frage brennt und es ist das Brennen selbst, welches die Antwort liefert. Das innere Feuer, dieses Brennen, ist notwendig, damit das verbrennen kann, was diese Antwort nicht in Empfang nehmen will, was sich immer wieder dazwischen stellt. Wir müssen unseren Stolz aufgeben, damit diese Frage wirklich brennen kann.

Das Ich ist stolz darauf, dass es sich seine Existenz und seine Realität immer wieder beweisen kann. Aber damit diese Frage „Wer bin ich wirklich?" vollkommen brennen kann, muss dieses Ich bereit sein, einen Moment der Demütigung hinzunehmen, die Demütigung seiner Existenz als ein getrenntes Ich, und all dem Unwirklichen, was es daraus geschaffen hat. Die Unwirklichkeit muss gedemütigt werden, sodass die Wirklichkeit in Offenheit und Direktheit wirken kann. Es gibt keinen Grund, stolz zu sein auf das Ich und all das, was das Ich glaubt, erschaffen oder erreicht zu haben. Alles was das Ich für sich in Anspruch genommen hat, glaubt erreicht zu haben in diesem Leben, ist nicht wirklich von diesem Ich erreicht worden. Das Ich ist ein Trittbrettfahrer, der im Nachhinein für sich reklamiert, was schon geschaffen war, bevor er auftauchte. Es war schon da, und dann kam das Ich und sagte: „meins".

F: Und das ist schmerzhaft.

OM: Ja, das Ich ist ein Jemand, unerkannt von der Masse der Menschen, der sich mit fremden Federn schmückt. Und eben diese Redensart beschreibt die Todsünde des Stolzes. Der Moment der Demütigung ist jener Moment, in dem du erkennst, was du alles für dich in Anspruch genommen hast, die Anmaßung, die Vermessenheit zu glauben, **du** seist es gewesen, es sei deins, und du könntest dir den Verdienst dafür einheimsen. Wer das versucht, nährt im Schatten die Angst zu versagen. Sei jenseits von Verdienst und Versagen, jenseits davon, etwas für „mich" in Anspruch zu nehmen. Durch dich kann Großes vollbracht werden, was Glücksgefühle auslösen kann, und dennoch ist es nicht deins. In dem Augenblick, in dem du es zu deinem machst, nimmst du es persönlich, wird es persönlich, und das ist das Eintrittstor in die Vergessenheit deiner Selbst. Die persönliche Inanspruchnahme von Verdienst und Versagen – beides ist Leiden. Die vollkommene Freiheit stellt sich ein durch die geistige

Entspannung *in die Mitte.* In dieser Mitte gibt es weder dies noch das. Nur die Stille.

ॐ

Konflikt zwischen Stolz und Hingabe

OM: Schmerz ist die Demütigung des Stolzes. Der Stolz will wenig wahrhaben. Aber ist dir schon einmal aufgefallen, dass der Stolz auch zu stolz ist, um sich dem Schmerz wirklich hinzugeben? Und dass dies zwei Gefühlszustände sind, die sich geradezu ausschließen? Der Kampf mit dem Schmerz, der bei vielen Menschen sichtbar ist, beruht letztlich auf dem Konflikt zwischen Stolz und Hingabe. Der Stolz vermeidet jede Annäherung an tiefe, lösende Gefühlszustände wie Schmerz, denn er fühlt sich von jeglicher psycholytischer[75] Kraft der weiblichen Seele bedroht. Auch wenn Stolz auf der weiblichen Seite des Enneagramms sein Zuhause hat, weil er dem weiblichen Ego zugeordnet wird (das männliche Pendant ist übrigens der Hochmut), so ist der Stolz selbst doch auffallend männlich. Er findet seine Aufgabe darin, eine falsche Souveränität des Ichs, eine Fassade aufrechtzuerhalten. Der Stolz ist das Korsett des Ichs, er gibt ihm Struktur, während Unordnung und Chaos ihm ein Gräuel sind. Dieses Korsett widerstrebt allen Kräften der Auflösung, der Aufweichung, des Fließens, der Hingabe. Der Stolz badet nicht im *Großen Fluss.* Alles das, was dieses falsche Korsett zerstören könnte, wird bekämpft.

Auf dem inneren Weg wird dieser Konflikt nicht geringer, vielmehr erfährt er zunächst eine Potenzierung. Der innere Weg ist keine Psychotherapie, sondern Psycholyse, ein Weg innerer Auflösung falscher Strukturen, die durch diese Psyche, die wir Ich nennen, gebildet wurden. Etwas in dir sehnt sich eben nach dieser Auflösung, weil du tief in deinem Inneren weißt, dass Auflösung Freiheit bedeutet. Dass sie dich in jene endlose Weite des Bewusstseins führt, nach der du dich immer gesehnt hast. Aber es gibt Gegenkräfte, und der Stolz ist einer ihrer Anführer. Der Konflikt zwischen Stolz und Hingabe in dir, wie wird er ausgehen? Wenn sich zeigt, dass die Hingabe selbst den Stolz noch auflösen kann, dann ist dieser Konflikt am Ende.

ॐ

Stolz blockiert das Leben in Gemeinschaft

F: Ich möchte deine Frage beantworten, womit ich mein soziales Leben blockiere: Ja, es ist Verschmutzung von Stolz in mir, und daran leide ich auch. Und es ist ganz subtil. Ich habe mir da nie wirklich die Wahrheit darüber gesagt, dass ich stolz bin und mich gar nicht verbinden will mit anderen. Das ist schmerzhaft.

OM: Du meinst, der Stolz möchte nicht einfach in der grauen Masse der Gemeinschaft verschwinden? In dieser Gemeinschaft, in der der Einzelne ein Nichts ist, keine Bedeutung hat, nichts Besonderes ist? Damit blockiert der Stolz auch dein wahres Verstehen von innerer Gemeinschaft, was ein Aspekt deiner weiblichen Seele ist. Diese innere Gemeinschaft, die *communio*, sie ist auch das innerlich alles umarmende, alles verbindende Prinzip. Die äußere Gemeinschaft ist nur ein Spiegelbild davon. Welchem Bild, das Stolz hervorbringt, versuchst du denn zu entsprechen?

F: Ich habe das Bild von einem Künstler, was ja etwas Besonderes ist.

OM: Künstler sind ja tatsächlich häufig Exzentriker, die sich von jeder Form der Gemeinschaft versuchen abzugrenzen. Weil es einen Konflikt gibt zwischen der Besonderheit exzentrischen und egozentrischen Künstlerdaseins und dem inneren Verständnis von Gemeinschaft. Steht der Künstler jedoch im Dienste seiner eigenen Seele, dann folgt daraus, dass die Egozentrik des Ichs sich in das Wir weiten muss. Dabei handelt es sich keineswegs um den Untergang der Kreativität, wie sich der Stolz des Künstleregos das vormachen will, sondern lediglich um den Untergang seiner Egozentrik. Wahre Kreativität entsteht in der Seele.

ॐ

Stolz – eine kindliche Leidenschaft

F: Meine Haltung ist: „Ich brauche niemanden und schaffe es allein!"

OM: Das hört sich an wie die Stimme eines kleinen Mädchens, das trotzig zu seinem Vater spricht: „Ich brauche deine Liebe nicht. Wenn du sie mir nicht geben willst, brauche ich sie auch nicht." Wenn jemand zugeben muss, dass er bedürftig ist, so ist das nur in dem Fall eine schmerzhafte Aussage, wenn der Bedürftige zu stolz ist, um sich Bedürftigkeit einzugestehen. Stolz ist keine Leidenschaft, die ihre Wurzeln im erwachsenen Menschsein hat. Er stammt aus einer Blase magischen Denkens aus der Frühzeit menschlicher Entwicklung, in der das Ich noch an seine unbeschränkte Macht glaubt und es keinerlei Einblick gibt in die Realität, dass alles von allem abhängig ist. Eine völlige Fehleinschätzung der eigenen Position.

So sehe ich in dir nicht den Stolz einer Erwachsenen, sondern ich sehe den Stolz eines kleinen Kindes. Wer hat dieses kleine Mädchen zur Königin gekrönt? Ist Gott vom Himmel herabgestiegen und hat zu ihr gesagt: Du bist die Beste? Es tut gut, diese kindlichen Welten mit Abstand zu betrachten, wenn nicht gar mit einem inneren Schmunzeln. Dennoch gibt es auch ein weinendes Auge. Denn selbst, wenn ich die Entstehung des Stolzes der Infantilität zuordne, so besitzt er keineswegs die Harmlosigkeit eines Kindes. Vielmehr ist diese Sünde einer der größten inneren Gegner, der die Seele verhärtet. Deshalb ist es so heilsam, wenn das weinende Auge auch wirklich weint, denn die Tränen erweichen die Härte des Stolzes.

ॐ

Überhöhung braucht Distanz

OM: Ist es eigentlich wahr, dass Liebe dein Ich destabilisiert? Die Vorstellung des Ichs als ein Fels in der Brandung ist ein positives Bild von Stärke, als könne es Versuchungen widerstehen, als könne es verhindern umzufallen, unterzugehen. So lässt sich dieses Konzept durchaus attraktiv verkaufen. Doch benötigen wir Aufklärung darüber, wer diese Brandung wirklich ist und wer dieses Ich wirklich ist. Wenn die Brandung das SEIN wäre und das Ich das Nicht-SEIN, dann würde sich das Bild des Felsens in der Brandung schon ganz anders anhören. Das heißt, der Fels in der Brandung könnte auch ein Fels sein, der sich gegen die Wahrheit verwehrt, gegen die Liebe, gegen das SEIN, gegen *Das-was-ist*! Könnte das die relative Wahrheit über dein Konzept von Abgrenzung sein? In was willst du nicht untergehen?

F: In der Liebe!

OM: Ja, und wieder frage ich naiv: Und warum nicht?

F: Es gibt die Angst davor, aber auch den Stolz, noch etwas zu sein.

OM: Viele sind zu stolz, um wirklich lieben zu können. Nun ist es wohl so, dass ein Ausweg aus dieser Situation nur dann möglich ist, wenn du dem ins Auge siehst, welches Leiden du für dich selbst erzeugst. Denn das gehört zur Praxis des Stolzes, dass er in der Lage ist, den Menschen darüber zu täuschen, welches Leid er verursacht.

Es gehört in jedem Fall zu der Kunst dieses Weges, diese Täuschung, diese Selbsttäuschung aufzugeben. Denn wir wissen über den Stolz, dass er einen Zustand falscher Erhabenheit im Menschen hervorruft. Einen geradezu pseudoreligiösen Zustand, der ihn über den Schmutz menschlichen Leidens erhebt. Das macht sich der Stolze ja immer wieder vor. Ich frage den Stolzen, worauf er denn eigentlich so stolz ist, denn ich sehe gar nichts, worauf er wirklich stolz sein könnte.

Der Stolz wird genährt von der Bedeutungssucht des denkenden Geistes. Das ist der esoterische Zusammenhang zwischen Stolz und dem höheren, dem geistigen Zentrum. Wir wissen das, doch die Bedeutung, die dieses Ich zu haben glaubt, ist nichts anderes als ein Schmuck mit fremden Federn. Es nimmt sich Dinge, Eigenschaften, Qualitäten, Essenzen, die ihm gar nicht gehören. Durch Inbesitznahme von etwas Fremdem geschieht stolze Selbsterhöhung. Dass dieser Vorgang Distanz verursacht, eine Abgegrenztheit zu deinen Liebsten, unter der du leidest, ist wenig erstaunlich. Der Stolze ist jederzeit daran interessiert, eine gewisse Distanz zu wahren, seine Überhöhung braucht Distanz. Wenn die Wahrheit dem Stolzen zu nahe tritt, droht er aufzufliegen. Und das ist vermutlich das Beste, was dir passieren kann.

ॐ

Traum

Aufwachen aus dem Traum, in dem wir leben

F: Ich habe eine Frage zu luziden Träumen. Ich gehe oft durch die Welt und bin gar nicht sicher, ob das wirklich real ist, was ich erlebe. Letzte Nacht in meinem Traum war es zum ersten Mal so, dass ich durch bunte Landschaften ging und sie ganz klar als Nichtrealität erkennen konnte.

OM: Also, wie gehst du durch die Welt?

F: Ich stelle fest, dass ich sehr oft träumend durch die Welt gehe.

OM: Warum gehst du träumend durch die Welt?

F: Das weiß ich nicht.

OM: Wir sollten nicht vergessen, dass der Traum eine Phase des Schlafes ist. Wir verstehen das sowohl im direkten, als auch im übertragenen Sinne auf dem inneren Weg des Erwachens. Ein Mensch, der sich als Träumer bezeichnet, beschreibt aus Sicht des inneren Lehrers einfach nur einen tieferen Schlafzustand als ein Mensch, der von sich sagen würde, dass er wach durch die Welt geht.

Luzides Träumen meint sicher etwas anderes, nämlich eine Form des Träumens, die vom Schlaf des Bewusstseins entkoppelt ist und in der möglicherweise wichtige Informationen vermittelt und direkt im Bewusstsein empfangen werden. Luzides Träumen ist vielleicht die Beschreibung eines transparenten Zustandes, eines offenen Quellenkanals, den wir auch als einen visionären Zustand beschreiben können. Was du beschrieben hast, scheint mir jedoch wenig mit luzidem Träumen zu tun zu haben, sondern ist im Grunde eher die Beschreibung eines latenten Zustandes, in dem du durch die Welt schreitest.

Du bist wahrscheinlich als kleiner Junge schon ein Träumer gewesen. Und wenn man das von kleinen Kindern sagt, dann sind das oft Kinder, die aus ihrer Perspektive gute Gründe haben, aus der Realität zu flüchten, die sich in Traumwelten verlieren, um die vermeintlichen

Unerträglichkeiten der Realität zu verschönern, Konturen zu verschleiern und der Realität ihre Schärfe zu nehmen. Denn das ist ja ein Merkmal des Traumzustandes: Die Konturen haben gewöhnlich nicht die Schärfe, die sie im Wachzustand haben. Alles verschwimmt, wie bei einer Betrachtung durch einen Diffusor. Und das ist ja genau jener Zustand, den der Träumende erreichen möchte, das Wohlgefühl diffusen Sehens. Ein Weichzeichner der Realität. Und ich vermute, wenn du dich als Kind betrachtest, dass du so einen Teil in dir findest. Doch was ist es genau, was weich gezeichnet werden muss durch einen Zustand des Träumens? Was scheint so unerträglich an der Realität, dass sie ständig in einen Traumzustand verwandelt werden muss?

F: Seit einiger Zeit meditiere ich öfter und das hat dazu geführt, dass sehr heftige Dämonen aufgestiegen sind. Also in Form von Ängsten, geradezu von Panik. Und ich denke mal, dass ich diesen Dämonen immer aus dem Weg gehen wollte.

OM: Also meinst du, dass der Traumzustand, deine alte Weise durch die Welt zu gehen, eine Form war, diesen Kräften auszuweichen?

F: Ja.

OM: Und bist du bereit, den Traumzustand zu beenden?

F: Ja, das wünsche ich mir sehr.

OM: Die Erwachenslehre sagt: Wir träumen unser Leben. Das heißt, unser Leben ist ein Traum, den wir selbst träumen. Und innerhalb dieses Traumes, den wir selbst träumen, wollen wir dann bestimmten Traumfiguren nicht begegnen, Traumlandschaften nicht erkunden, Traumdämonen aus dem Wege gehen. Aber wir wissen nicht, dass all das unser Traum ist, den wir träumen. Es ist alles ganz real, so wie die Welt eben real ist. Aufwachen, ein Begriff, der ja in der inneren Lehre häufig fällt, meint das Aufwachen aus dem Traum, den wir unser persönliches Leben nennen. Das Wachbewusstsein des Menschen ist in Wirklichkeit ein Traumzustand, in dem ich träume, wer ich bin, wie ich heiße, wer ich sein darf und wer ich nicht sein darf. Es ist eine Ideenwelt, die von einem ersten Gedanken geschaffen wurde: Ich. Aus dieser Ideenwelt können wir aufwachen.

ॐ

Selbstverliebtheit des Künstlers

F: Ich träume nachts viel. Ist luzides Träumen ein wichtiges Mittel des inneren Weges?

OM Die Bedeutung von Träumen wird von vielen Menschen des inneren Weges überschätzt. C.G. Jung litt an einer grundlegenden Prä-/Trans-Verwechslung, was zu einer völligen Überdeutung von Träumen führte.[76] Die meisten Träume sind nichts anderes, als Müllverbrennung des denkenden Geistes und es ist nicht wesentlich, Zeit mit ihrer Analyse zu verbringen. Deutungswert sind nur wenige Träume und von den wenigen ist wiederum nur ein verschwindend kleiner Anteil „luzide", oder „visionär" zu nennen. Träume entspringen im Wesentlichen einer präterationalen Bewusstseinsstufe, Bilder sind eine noch recht primitive Gedankenform, und auf dem inneren Weg verlieren sie zunehmend an Bedeutung. Anfangs können sie manchmal wertvoll sein, um einen Zugang zum Unterbewusstsein und zu regressiven Bewusstseinsstufen zu öffnen.

Dein Geist ist verliebt in die Bilder, die er selbst produziert. So wie ein Künstler, der ständig schöne, neue, bunte und abwechslungsreiche Bilder malt, dann ganz verliebt in sie ist und nicht ohne Stolz sagt: „Die habe ich gemalt!" Diese egozentrische Selbstverliebtheit ist die Geißel vieler Künstler. Deswegen gibt es auch so viel egozentrische Kunst. Sie ist dann auf dem Markt vielleicht viel Geld wert, Zuschauer stehen beeindruckt in der Galerie und fühlen sich zu elaborierten Deutungen veranlasst. Die allseits bekannte Frage, „Was will uns der Künstler damit sagen?", verschleiert möglicherweise, dass sie banal und substanzlos ist. Wenn die Selbstverliebtheit des egozentrischen Künstlers abnimmt, dann hört er entweder auf zu malen, oder er fängt an, nur noch aus der Seele zu malen und nicht mehr für das Ich, das malte, weil es von den anderen dafür geliebt werden wollte.

Was die Bedeutung von Träumen auf dem inneren Weg anbelangt, so stellt sich die Frage, ob wir wirklich unsere Zeit damit verbringen wollen, ständig Bilder eines selbstverliebten Künstlers zu deuten, der eine schier unaufhörliche Produktionswut hat, tagein und tagaus neue Bilder produziert und uns irgendwelches Material hinwirft, mit dem wir uns beschäftigen sollen. Wir brauchen den Traumzustand nicht unbedingt als wesentliches

Werkzeug des inneren Weges, weil alles im Wachzustand erkannt werden kann. Warum Umwege nehmen? Wenn du wach bist, hältst du inne, richtest die Aufmerksamkeit nach innen, schaust genau hin und erkennst. Das war's. Mehr braucht es nicht. In Bilder verliebt zu sein bedeutet, in die Fassade verliebt zu sein, anstatt zu sehen, was dahinter ist.

ॐ

Wert

Das Große Rad drehen

F: Heute Morgen habe ich in der Meditation gemerkt, dass in mir so eine Haltung ist: Wenn ich ernsthaft sein will, muss es anstrengend oder verkrampft sein. Ja, ich wollte gerne, ich möchte eigentlich …

OM: … Sag doch bitte einfach mal folgenden Satz: „Ich drehe die Welt."

F: Ich drehe die Welt.

OM: Bist du die, die immer am *Großen Rad* dreht? Die, die alles *machen*, alles produzieren muss? Die, die die Welt drehen will, damit sie sich um dich dreht? Das ist doch die Perspektive eines Machers: Er dreht die Welt, damit sie sich um ihn dreht. So verbleibt er in der Perspektive von ‚**Ich** im Zentrum der Welt', was ja eine einfache Definition von Egozentrik abgibt. Egozentrik beschreibt eine kindliche

Perspektive, die einen ganz natürlichen Evolutionsschritt menschlichen Bewusstseins darstellt und in einer frühen, unreifen Entwicklungsstufe ihren Wert hatte. Erstaunlich ist nur, dass diese Entwicklungsstufe von vielen Menschen im Geist bis an ihr Lebensende konserviert wird. Offenbar verspricht sich der Geist viel davon, sieht jedoch an der leidvollen, inneren Enge dieser Sicht vorbei.

Nun stell' dir doch einfach einmal vor, was geschehen würde, wenn du es nicht mehr **machen** müsstest? Die Welt dreht sich von selbst – zu der endgültigen Deutung dieser Aussage ist der denkende Geist zwar nicht fähig, und dennoch kann er sich auf die Erfahrung einlassen, dass das Leben ohne ihn weitergeht. Wer ständig am *Großen Rad* glaubt drehen zu müssen, der will ständig zu viel, der will mehr als ‚Das-was-ist', und ‚Das-was-wird'. Der ist gefangen in seiner eigenen Getriebenheit, ausgelöst durch egozentrische Ichverbesserung. Das endlose Streben nach irgendetwas, was besser ist, als Das-was-ist, löst in dir Selbstverkrampfung aus. Wen überrascht das? Wie wäre es, wenn du das Rad nicht mehr selbst drehen müsstest? Was sagt das Ich dazu?

F: Es entspannt auch, aber das Ich sagt, dass das nicht geht. Dann spiele ich ja keine Rolle mehr.

OM: Das stimmt ja auch, und das ist genau der Punkt. An einem Scheideweg stehend, hast du immer zwei Möglichkeiten. Auf dem inneren Weg handelt es sich allerdings nicht um zwei Möglichkeiten innerhalb der Realität. Vielmehr ist die eine real, die andere nicht real. Du kannst weiterhin die Nabe der Welt bilden und fest daran glauben, eine erhebliche Rolle für die Evolution zu spielen. Ich warne dich jedoch, denn deinem Ich wird es nie reichen. Noch schwerer wiegt allerdings, dass es nicht real ist. Oder du entscheidest dich, aus dem Weg zu treten und die Evolution ihr Spiel, *leela*[77], spielen zu lassen. So machst du nicht nur die Erfahrung von Teilhabe im Sinne des Mitfließens in einem großen, unendlichen Strom, sondern am Ende die Erfahrung, dass du dieser Strom bist.

ॐ

Ichverbesserung ist nicht vereinbar mit Selbstrealisation

F: Guten Morgen, OM, ich möchte berichten, was in mir passiert. Es ist wie eine Umkehr der Bewegung von ***mehr*** *– nach innen, zu* ***weniger****. Es gibt in mir dieses Streben nach mehr, nach Verbesserung. Mit einer Geduld, die ich mir bis jetzt nicht gegönnt hatte, kann ich sehen, dass es nichts zu verbessern gibt, sondern das, was da ist, sichtbar werden zu lassen, indem ich die Schleier geduldig mit Aufmerksamkeit betrachte, ohne etwas damit zu tun, und das meine ich mit dem Weniger. Was Du lehrst mit ‚alles zurücklassen', ist mir ein Stück klarer geworden. Ich muss nicht mehr tun, sondern ich darf es lassen zu tun. Das Einzige, was es braucht, ist: Die Aufmerksamkeit auf dem zu lassen, was jetzt genau auftaucht, was mir im Weg steht.*

OM: Wir sind ja hier durch deine Ausführungen Zeuge einer ganz neuen kognitiven Phase des inneren Weges. Du beschreibst hier nicht eine neue Technik, sondern du beschreibst einen Umschwung, einen Sprung in eine neue Phase des Verständnisses, des grundlegenden Verständnisses innerer Praxis, wie ich es auch in *Intelligenz des Erwachens* beschrieben habe. Dort sind die Phasen beschrieben, durch die Menschen auf dem inneren Weg gehen. Zuerst halten sie an der Idee der Selbstverbesserung fest. In dieser Phase herrscht die Anfangseuphorie des inneren Weges: „Endlich habe ich einen Weg, einen effizienten Weg zur Selbstverbesserung gefunden, um meinem Streben den richtigen, endgültigen Auftrieb zu verleihen. Ein Leben lang habe ich schon gestrebt, aber es hat nicht so funktioniert, und jetzt kriege ich endlich die Mittel an die Hand, damit dieses Streben weitergehen kann, aber jetzt mit dem richtigen Spirit, den ich brauche. Und dann geht es mit wehenden Fahnen in Richtung Ichvollkommenheit, sprich Erleuchtung." So fängt es an.

Die Idee der Ichverbesserung ist unvereinbar mit der Lehre des Erwachens zum Selbst. Das Konzept der Ichverbesserung, dem das Ich anhängt, beruht darauf, einen unerwünschten Teil der vom Ich geschaffenen Welten auszuschließen – sie dürfen alle nicht an der Ichverbesserung teilhaben. Es handelt sich um die ungeliebten Anteile, die ‚Kellerkinder', die Schattenwelten des Ichs. Häufig sind sie emotional aufgeladen und ‚dysfunktional'. Der gesamte weibliche Anteil des inneren Menschen funktioniert nicht so, wie es das Über-Ich gerne hätte. Das Konzept der Ichverbesserung ist ein funktionales Konzept, es orientiert sich am Funktionieren des Ichs. Dieses Ich soll möglichst reibungslos und harmonisch funktionieren und den Unvorhersehbarkeiten, den Widrigkeiten des Lebens trotzen. Die Idee der Ichverbesserung ist also immer auch eine Vorstellung von Funktionsverbesserung.

Wenn wir uns jetzt daran erinnern, dass wir eine weibliche Seele haben, dann möchte ich die Frage stellen, ob diese Ausrichtung auf besseres Funktionieren wirklich mit der weiblichen Seele vereinbar ist? Denn die weibliche Seele ‚funktioniert' nicht, sie funktioniert nicht so, wie ein soldatisch organisiertes Ich es gerne hätte, und somit ist sie aus dem ganzen Konzept der Ichverbesserung potenziell ausgeschlossen.

Manche Schüler glauben, einen Übungsweg im Sinne der inneren Lehre zu gehen, und sind einem Konzept von Ichverbesserung aufgesessen. So verstehen sie jede Form der Inneren Arbeit im Dienste der Ichverbesserung. Es tut gut, zu hören, dass du an den Punkt geraten bist, wo sich dieses große Missverständnis auflöst und eine neue kognitive Ebene betreten wird, mit einem wahren Verstehen, das der eigentlichen Essenz des inneren Weges sehr viel näherkommt. Es ist nicht mehr die Vorstellung eines Strebens hin zu einem imaginären Ort in der Zukunft. Es ist vielmehr die innere Praxis des Sich-Niederlassens, des Still-Werdens in diesem Sich-Niederlassen und des Bezeugens der Entschleierung. Das führt uns zu einem tieferen Verständnis von Innerer Arbeit. Sie geschieht von selbst, sie dient der Entschleierung des Bewusstseins, bis all das, was wirklich *ist,* auch am rechten Ort *ist,* und das, was *nicht ist,* verbrannt ist. Innere Arbeit ist ein Verbrennungsprozess dessen, was *nicht ist*.

Die Vorstellung, funktionieren zu müssen, kommt dem von Gurdjieff verwendeten Konzept der *Maschine* unangenehm nah. Gemäß den inneren Lehren ist die Seele des Menschen besetzt von einer geistigen Welt, die Gurdjieff als eine

Maschine bezeichnete. Sie ist nicht menschlich, denn ein Mensch funktioniert nicht mechanistisch. Ein Mechanismus ist ein System von Elementen, die in festgelegter, vorhersehbarer Weise zusammenwirken. Dieser im Innen wirkende Mechanismus zeichnet sich aus durch unbewusste Wiederholung in immer gleichen, nur an der Oberfläche variierenden Mustern. In den Lehren des Enneagramms nennen wir es die *Fixierung*, in der ein Mensch gefangen ist. Wie auf Knopfdruck ist sie angestellt und scheint automatisch und ohne bewusste innere Aktivität zu funktionieren. Der unbewusste Geist ist ein Perpetuum mobile.

Natürlich müssen wir letztlich zu der Erkenntnis gelangen, dass der Mensch ein *Mensch* ist. Aber bevor wir zu dieser Erkenntnis gelangen können, dass der Mensch wirklich ein Mensch ist, müssen wir durch die gegenteilige Erkenntnis, nämlich dass der Mensch *kein* Mensch ist, dass er eine Maschine ist, und dass diese Maschine nicht der Mensch sein kann, dass die Maschine auf erschreckende Weise unbewusst programmiert worden ist und dass sie den ganzen Tag etwas tut, was dieser Mensch gar nicht *wirklich* will, auch wenn er daran glaubt, es handele sich um seinen freien Willen. Doch jeglicher innerer Automatismus funktioniert nur durch Unbewusstheit und insbesondere durch den Ausschluss des fühlenden Wesens. Dieses fühlende Wesen ist ein Aspekt der weiblichen Seele. Bleibe immer mit der weiblichen Seele verbunden, denn die Bewusstheit der weiblichen Seele ist eines der großen Heilmittel dagegen, dem Mechanismus der *Maschine* zu verfallen.

F: Es ist wirklich erlösend für mich, das zu hören, und dass es meine Wachsamkeit braucht.

OM: „Wachsamkeit bis zu deinem letzten Atemzug", sagte Papaji.

ॐ

Liebe kennt keinen Wert

F: Plötzlich weiß ich, dass ich den Strom der Liebe verhindere, weil ich mich wertlos fühle. Nicht wert, vom Selbst geliebt zu werden. Und dann taucht das Besonderssein auf. Beides, wertlos sein und besonders sein hindert mich, mich hinzugeben an Dich, mein Selbst. Die tiefe Sehnsucht in mir jedoch weiß, es geht nur um die Liebe.

OM: Du hast den Zusammenhang erkannt. Die Idee, besonders zu sein, ist nur ein Versuch, die Idee, wertlos zu sein, zu verbergen. Wenn du in Liebe bist und dich dem hingibst: Braucht Liebe einen Wert, um zu sein? Brauchst du einen Wert, um zu sein? Wer ist es, der dem Leben einen Wert geben will? Wer ist es, der dir selbst einen Wert geben will? Verlasse das Wertesystem, verlasse die Idee von Wert und Unwert. In dem Moment, in dem du nach dem Wert greifst, das bedeutet nach dem ***Höher***wert, in dem Moment greifst du auch unbewusst nach dem ***Un***wert, nach dem ***Minder***wert. Du glaubst, du könntest nur nach der einen Seite greifen, nach der positiven, nach der höherwertigen, könntest dich allein dort aufhalten und so deine Identität nach deinem Willen festigen. Eine Vorstellung, die von Psychotherapeuten genährt wird, weil sie sich innerhalb der Blase bewegen und niemals jenseits des Geistes gesehen haben. So schreibt der spirituelle Lehrer Arnaud Desjardins: „Psychotherapie bedeutet nicht Heilung des Geistes, sondern Heilung durch den Geist"[78]. Eine sehr scharfe, wesentliche Unterscheidung. Der Geist kann sich nicht selbst ‚heilen', im umfassenden Sinnen von ‚transformieren'. Praktisch die gesamte Psychotherapie hat von dieser Begrenztheit keine Ahnung.

Mit allen Phänomenen, die sich zwangsläufig in der Dualität bewegen, ist es genauso: Du glaubst, du könntest nach der Freude greifen, und ahnst nicht, dass in diesem Moment, in dem du nach der Freude greifst, du im selben Moment auch nach ihrem Schatten greifst und dich (unbewusst) mit dem Schmerz identifizierst. Denn in der Phänomenalität (in der Welt der Erscheinungen) hat alles einen Schatten, einen Schatten, den wir in dem Moment nicht sehen, in dem wir nach der einen Seite, meist nach der lichten Seite, greifen. Das Wertesystem aufzugeben, die Idee von Wert vollends zurückzulassen, ist nur möglich durch tiefe Erkenntnis des Wesens der Liebe selbst, die keines Wertes mehr bedarf. Berühre weder den Höherwert, noch den Minderwert. Wenn du die eine Seite berührst, wirst du dich zwangsläufig und ohne weiteres Zutun auch mit der anderen Seite verstricken. Und die Verstrickung wird kein Ende haben, denn die Folge ist eine nicht endende Pendelbewegung deines Geistes zwischen den Polen. Das ist die Metapher des karmischen Rades[79], welches sich dreht ohne Unterlass.

Auf der Suche nach Wert für dein Ich wirst du versuchen, durch endlose Bemühung, dich aus diesem Minderwert zu ent-stricken und aufzusteigen. Dabei wird dir der Stolz behilflich sein, der wirklich nicht der Hellste ist, und dann wirst du dich in der Idee von Höherwert verstricken, was wiederum dein Besonderssein ernährt. Und wenn du es dann endlich geschafft hast, dich auf die andere Seite zu retten, ist es nur eine Frage der Zeit, bis der Schatten, der dich die ganze Zeit unbemerkt begleitete, wieder hervortritt, und du fällst wieder in die Untiefen des Unwertes zurück. Die Gesetze des karmischen Rades können nicht durch den Eigenwillen des Geistes ausgehebelt werden. Positives Denken ist ein am Ende naives Konzept, welches diese Gesetze nicht begriffen hat. Selbstredend, dass für Negatives Denken dasselbe gilt. Das wird zwar nicht von Psychotherapeuten propagiert, aber vom denkenden Geist.

Ohne Wert zu sein, heißt nicht *minder* Wert zu sein. Es ist einfach nur ohne Wert, **jenseits** von Wert und Unwert. Was ist der Wert von Darshan, wie kann der Wert von Darshan aufgewogen werden? Versuche es! Versuche Darshan auf die Waagschale zulegen und sieh, was du auf die andere Seite der Waage auflegen müsstest. Wenn ich die Idee des Geistes, dass Liebe in *Wert* gemessen werden könne, auf einer Ebene des materialistischen Denkens darstelle, ist sie nichts anderes als Liebe für Geld. Eigentlich ist es nichts anderes als Prostitution. Es *ist* Prostitution.

Was ist deine Liebe wert? Ist nicht die gesamte Suche nach Anerkennung, der Wunsch danach, geliebt zu werden und die Handlungen, die ihm folgen, nichts anderes als eine Form der Prostitution? Die Seele wird verkauft, damit das Ich geliebt wird. Wenn deine Liebe nichts mehr wert ist, wenn sie keinen Wert mehr kennt, erst dann ist die Liebe rein – frei von jeglicher Korruption, frei von Handel und Prostitution. Frei vom Geist.

F: Ich glaube, ich habe zum ersten Mal verstanden, was ‚käufliche Liebe' wirklich heißt.

ॐ

Selbstabwertung aus der Perspektive des Täters

F: Ich fürchte, ich bin nicht reif genug, meinem tiefen Wunsch nach Erkenntnis wirklich zu folgen. Was kann diesem Mangel an Reife abhelfen?

OM: Sicherlich kann man sagen, dass Reife erlangt wird durch das konsequente Gehen des Weges. Dennoch kann und sollte hier niemand die Aussage treffen: „Ich bin nicht reif genug, um glücklich zu sein". Oder: „Ich bin nicht reif genug, um zu erkennen, wie ich Unwissenheit und damit Unglück aktiv erzeuge". Das ist eine Aussage, vor der wir uns hüten sollten. Dennoch sehe ich in dir eine mangelnde Treue zum Selbst. Diese mangelnde Treue zeigt sich in Wankelmut und in einer Form von Halbherzigkeit in deinen Handlungen. Inkonsequenz ist die Folge.

F: Ich folge dann der Unsicherheit oder der Nichtwertschätzung. Ich glaube, dass diese Treue für mich keinen Wert hat, dass ich das nicht wert bin.

OM: Ich sehe deine Tendenz der inneren Abwertung, die auch deine Erkenntnisfähigkeit stark einschränkt. Die Art und Weise, der Selbstabwertung zu begegnen, kann nur darin bestehen, ihr als einer aktiven Tendenz deines Geistes in diesem Augenblick ins Auge zu sehen. Du bist diejenige, die dafür verantwortlich ist. Du bist diejenige, die diesen Strang verfolgt. Du musst in diesem Moment in das Täterbewusstsein wechseln, denn Opfer sind nicht erkenntnisfähig! Im Moment wirst du Opfer deiner eigenen Tendenz der Selbstabwertung.

F: Weil ich in dem Moment nicht wach genug bin?

OM: Es ist richtig, dass der unbewusste Verlust von persönlicher Täterschaft die Folge eines Bewusstseinsverlustes ist. Das Erkennen eigener Täterschaft benötigt genaues Hinsehen aus der Position der Selbstbeobachtung. Das Ich ist häufig nicht daran interessiert, die Wahrheit über die eigene Täterschaft zu erkennen, denn die kindliche Perspektive des Opfers ist meist die bequemere. Und Bequemlichkeit ist „der Frieden des einfachen Menschen".

Wenn ich jedoch sage, dass nur Täter erkenntnisfähig sind, dann bedeutet es, dass dieser denkende Geist durch Erkenntnis in der Lage ist, die eigene Täterschaft aufzugeben. Und wenn es weder Opfer, noch Täter mehr gibt, dann kehrt wahrer, innerer Frieden ein.

ॐ

Wünsche

Der ernsthafte Wunsch nach Tiefe bringt Intensität

F: Es gibt den einen Wunsch, tiefer zu gehen. Die Frage ist: Wie stark ist dieser Wunsch wirklich? Und die nächste Frage ist: Wie ernst nehme ich das Ganze? Wie ernst nehme ich den Weg, den Weg zu mir, den Weg zu Gott?

OM: Und welche Antworten sind gekommen?

F: Also dieser Wunsch ist da, aber ich glaube, ich nehme es noch nicht wirklich ernst.

OM: Du nimmst dich selbst nicht ernst? Dein Innerstes?

F: Ja. Ich beobachte, wie ich mich immer wieder annähere, aber auch ganz schnell wieder weggehe.

OM: Warum? Warum sollte man von dem, was man am meisten liebt, was einem am nächsten ist, wieder weggehen wollen?

F: Es wird gerade sehr heiß, es ist intensiv. Warum sollte ich wohl vor dem Intensiven weggehen?

OM: Vielleicht möchtest du einfach deine Ruhe haben.

F: Ja, ... jetzt wird es noch intensiver.

OM: Auf diesem Weg der Pilgerschaft in das Licht des Bewusstseins, in das Erkennen meiner Selbst, gibt es keine Möglichkeit, sich niederzulassen und auszuruhen. Es gibt keine Möglichkeit, und es gibt auch gar keine Notwendigkeit, denn der Weg, der eigentlich ein Fall ist, fordert dich ständig, aber er *über*fordert dich nicht. Der Körper hat seine Ruhe, jede Nacht, was willst du? Der Körper befindet sich in einem ganz natürlichen Tag-/Nachtzyklus und kann sich jederzeit ausruhen. Aber es geht hier nicht um deinen Körper, es geht um deinen Geist. Die Vorstellung dieses Ichs, sich auszuruhen zu müssen, ist nur eine Rechtfertigung für seinen Schlafwunsch. Die Idee des Ausruhens am Wegesrand führt zum Verlust der Gegenwärtigkeit, des Falls durch die Mitte – in die Mitte deiner Selbst. Dieser Fall ist mitten drin, gegenwärtig, manchmal heiß, manchmal intensiv. Und immer im Feuer des Bewusstseins.

ॐ

Der unerfüllte Wunsch wird eins mit der Stille

F: Wenn ich in die Stille gehe, dann ist da niemand. Aber wenn ich mich bewege, dann ist da jemand.

OM: Es kommt jemand mit der Bewegung? Dann ist deine Erfahrung von Stille auf die Regungslosigkeit beschränkt. Welcher Art ist denn die Bewegung?

F: Es ist ein Wollen, wenn ich mich bewege und etwas will.

OM: Was willst du denn?

F: Egal, auch belanglose Sachen. Es kann alles sein.

OM: Was ist denn in der Stille?

F: Fraglosigkeit.

OM: Was heißt das genau?

F: Das ist so. Wenn Stille ist, dann ist es so.

OM: Und in welchem Moment ist es nicht so, wie es ist?

F: Wenn ich etwas will.

OM: Das heißt, der Wille in deiner Welt scheint immer noch der Akzeptanz, dass es so ist, wie es ist, entgegenzustehen. Ist es so?

F: Nein, ich kann das abstellen.

OM: Das Wollen?

F: Ja.

OM: Man kann alles verdrängen. Selbst Meditierende können das, wenn sie subtile Formen absichtsvoller ‚Entleerung' nicht erkennen können. Sobald ein unerfüllter Wunsch aufsteigt, wird er ‚entleert', was nichts anderes heißt, als ‚verdrängt'. Sobald die zeitlich begrenzte Meditation vorüber ist, funktioniert das nicht mehr so gut, und dieser unerfüllte Wunsch steigt wieder auf. ‚Abstellen' ist sicherlich immer noch ein Tun, ist es nicht? Ich rate dir nicht dazu, irgendetwas abzustellen. Ich rate dir dazu, das Wesen, den Kern dieses unerfüllten Wunsches zu erkennen, den du hier mit dem Begriff ‚das Wollen' beschreibst. Doch eigentlich geht es um Wünsche und Bedürfnisse. Unerfüllte Wünsche geleiten dich aus der Stille, stimmt's? Und abschalten ist nicht der Weg.

F: Nein, weil es an das Problem nicht herankommt.

OM: Gut. Dann lass uns jetzt schauen, wie es möglich ist, dass dieser Wunsch in Stille ist, ohne abgeschaltet werden zu müssen. Und es sieht so aus, und der Begriff ‚abstellen' deutet darauf hin, dass es in dir immer noch einen Konflikt gibt mit diesem Wunsch, eine Reibung zwischen dem, der meditieren will und denjenigen Wünschen, die dem scheinbar entgegenstehen. Wenn es Konflikt gibt, gibt es Kampf. Wenn es Kampf gibt, gibt es keine vollständige Realisation dessen, *was ist*. Also gibt es für dich nur die Möglichkeit, diesen Restkampf, den du lebst, auch noch aufzugeben, sodass auch dieser unerfüllte Wunsch eins wird mit der Stille.

ॐ

Erwartungshaltung gegenüber dem Leben

OM: Was ist es denn in dir, was dich in solche Not bringt?

F: Es fühlt sich an wie eine Weigerung dem Leben gegenüber. Und irgendwie weiß ich auch, dass ich irgendwas jetzt wirklich brauche, sonst geht es nicht weiter. Also ich habe das Gefühl, ich will in eine wirkliche Handlung gehen, und das habe ich mein ganzes Leben noch nicht wirklich gemacht.

OM: Jemand, der in einer grundsätzlichen Erwartungshaltung gegenüber dem Leben ist, handelt nicht. Er wartet darauf, dass das Leben handelt, weil er glaubt, dass es ihm zusteht.

F: Das habe ich gemerkt vorhin, dass ein Teil von mir denkt, er muss es nicht selber tun, es tut dann jemand anders.

OM: Es ist eine grundlegende trotzige Haltung in dir, die sich zu einem ungesunden Cocktail mit dieser Erwartungshaltung vermischt hat, sodass eigentlich nichts geschieht; und während du auf das Leben wartest, zieht die Karawane weiter. Das ist in kurzen Sätzen dein bisheriges Leben. Bis heute, bis zu diesem Augenblick, bist du nicht wirklich bereit gewesen, diese trotzige Grundhaltung, die vermischt ist mit offenen und verdeckten Erwartungen, aufzugeben und entsprechend die Handlungen vorzunehmen, die geschehen müssten. „Zu tun, was zu tun ist", das ist eine der Lehren des *Karma Yoga*, des Weges der rechten Handlung. Doch eine beleidigte, kleine Prinzessin, die gerettet werden will, kann diesen Weg schwerlich gehen.

„Es steht mir zu" will sagen, das Leben hat etwas bei mir wieder gut zu machen – nach dem tragischen Schicksal, das mir widerfahren ist. Hinter dieser Opfergeschichte des Ichs verbirgt sich eine Vorstellung von Gerechtigkeit, die sich bei genauerer Sicht als Selbstgerechtigkeit entpuppt. Eine Haltung, welche mit der Opfergeschichte nicht in Übereinstimmung zu bringen ist. Du bist jemand, der wartet darauf, dass ihm das Leben endlich die Schulden zurückzahlt, die es bei ihm aufgenommen hat. Das wird Gerechtigkeit genannt. Aber das Leben hat keine Schulden bei dir. Du hast Schulden bei dir selbst, und nur du kannst sie begleichen. Diese Haltung nennt sich Verantwortung, und es ist die Grundlage eines inneren Weges. Ein innerer Weg ist nur für Erwachsene.

Wie lange willst du noch warten?

ॐ

OM: Die Wahrheit kann mit der Liebe in keinem Gegensatz stehen. In Liebe und Wahrheit kann es keinen Gegensatz geben zwischen Süße und Bitterkeit, zwischen Weichheit und Härte, zwischen dem Wasser und dem Feuer. Wenn du dich immer wieder in verschiedene oberflächliche und scheinbar völlig gegensätzliche Wünsche verstrickst, dann musst du dich fragen: Was ist es, was ich **wirklich** will? Denn es hat keinen Sinn, sich mit oberflächlichen, sich widersprechenden Wünschen abzugeben und sich darin zu verstricken und gleichzeitig zu vergessen, was das ist, was ich den *Wurzelwunsch* nenne. In den Tiefen seiner Seele hat jeder Mensch nur einen einzigen Wunsch. Wenn wir jedoch diesen einen Wurzelwunsch vergessen und den Stammbaum der Wünsche hinauf in die Verzweigung an die Oberfläche verfolgen, dann verstricken wir uns ins Leiden, in die Täuschung, in die Unwirklichkeit. All diese unerfüllten Wünsche führen uns weg von der Wirklichkeit unserer Selbst.

Der direkte Weg zu uns Selbst besteht nicht in dem Versuch, all diese Wünsche in Einklang zu bringen, sondern der direkte Weg ist der unbeirrte Vorstoß zum Wurzelwunsch, dich also immer wieder zu fragen: Was ist es, was ich wirklich will? Und dich dann von dieser Frage tiefer führen zu lassen. Jedes Mal zu forschen: Was ist der Wunsch hinter dem Wunsch? – bis du beim Wurzelwunsch angelangt bist. Wenn du dann diesem Wurzelwunsch deine Leidenschaft schenkst, dann wird das Leben aus dieser Wurzel neu entstehen. Es wird weiterhin Wünsche geben, denn das ganze Leben ist ein Wunschleben, aber die Erfüllung oder Nichterfüllung täglicher Wünsche wird nicht mehr deinen Zustand bestimmen. Und es sind nicht mehr *deine* Wünsche. Es sind einfach nur noch Wünsche des Lebens selbst. Es sind Dinge, die geschehen, genauso, wie sie zu geschehen haben. Denn die Wiederentdeckung des Wurzelwunsches ist das Tor zur Vereinigung mit dem göttlichen Willen.

Das gesamte oberflächliche Leben eines Menschen besteht darin, irgendwelche oberflächlichen Wünsche zu verfolgen, von deren Nichterfüllung frustriert zu werden, enttäuscht zu werden, nur um es erneut zu versuchen – mit einem anderen Zweig des unendlich verzweigten Wunschbaumes. Und so verbringen wir die Zeit, verbringen wir viele Leben, die nichts anderes sind als Verfolgungen von Wünschen, die am Ende unerfüllt bleiben, bis wir uns wieder erinnern, dass das Eine an der Oberfläche zum Vielen wird, und dass, wenn wir uns wieder in der Tiefe des Einen befinden, dass es plötzlich sehr ein-fach wird. Die gesamte Kompliziertheit und Gegensätzlichkeit der Vielheit der Oberfläche ist dann einfach dahin.

F: Du sagtest, alle Menschen haben nur einen Wunsch. Haben alle Menschen in der Tiefe den gleichen Wunsch?

OM: Ja.

F: Und wie lautet er?

OM: Ich will frei sein.

ॐ

Liebe

Die Liebe ist zu groß für den denkenden Geist

F: OM, was ist Liebe?

OM: Die Liebe mit der universellen empfangenden Eigenschaft in diesem Kosmos gleichzusetzen, ist sicherlich nicht richtig. Richtig ist, dass die universelle empfangende Eigenschaft in diesem Kosmos etwas ist, was in der Liebe enthalten ist.

F: Was ist sie dann?

OM: Die Liebe als der mentalen Intelligenz nicht zugänglich zu beschreiben, ist auch nicht richtig. Sie ist dann der mentalen Intelligenz zugänglich, wenn diese die emotionale Intelligenz integriert hat. Dennoch ist die mentale Intelligenz natürlich nicht die Liebe.

F: Dann ist die Liebe ein Gefühl?

OM: Die Liebe als ein Gefühl zu beschreiben, ist auch nicht richtig. Natürlich hat der einfache Mensch eine emotionale Definition von Liebe und hält die Liebe für ein Gefühl. Natürlich kann das Gefühl von Liebe in der Liebe enthalten sein, nur ist es nicht die Liebe.

F: Gut, ich glaube, wir haben langsam geklärt, was die Liebe nicht ist, danke. Aber das war ja nicht meine Frage.

OM: Hast du Angst vor dem Ertrinken?

F: Ja

OM: Nur der Ertrinkende weiß, was die Liebe ist. Die Liebe ist zu groß für deinen Geist.

ॐ

Die Vereinigung von Liebe und Leere

F: Du hast mich im letzten Darshan darauf hingewiesen, dass ich Vorstellungen von der Glückseligkeit als etwas Schönes und Gutes habe. Wenn ich loslasse, erlebe ich einfach Sosein. Ist das Glückseligkeit?

OM: Im traditionellen Zen existiert der Begriff der Glückseligkeit eigentlich nicht, in der Zenpoesie kommt er künstlerisch und damit indirekt zum Ausdruck, und auch der Begriff der Liebe spielt keine Rolle. Die drei Ziele des Zen werden wie folgt beschrieben: 1. Entwicklung der Kraft der Konzentration, 2. Satori-Erwachen und 3. Verwirklichung des Erhabenen Weges im täglichen Leben[80] Im Erwachen zur Buddha-Natur ist die Liebe enthalten, aber sie braucht nicht benannt zu werden. In der indischen Lehre des *advaita* ist es ähnlich, in der Vermittlung der Lehre spielt die Liebe nur eine sehr untergeordnete Rolle. Erst im Verhältnis zum *guru*[81] kehrt das *bhakti*[82] ein und vervollständigt die Lehre. Advaita und Zen gehören zu den höchsten inneren Lehren, die den Menschen zur Verfügung stehen. Sri Poonjaji, bei dem ich mehrfach in Lucknow, Indien, war, wurde immer wieder auch als Zen-Lehrer beschrieben, obwohl er in einer Linie des Advaita stand. Diese Lehren sind jenseits von Tradition, d.h. sie haben die Kultur, in der sie entstanden sind, transzendiert. Das heißt, Zen ist nicht buddhistisch, *advaita* ist nicht hinduistisch.

Wenn wir uns jetzt fragen, warum die Liebe in diesen radikalen Erwachenslehren kaum mehr vorkommt, dann können wir vielleicht festhalten, dass jede Form des Begriffes, der auf das Absolute deutet, eben niemals mit dem Geschmack verwechselt werden darf, den er vielleicht noch in sich trägt. Das heißt, die Leere oder die ‚Leerheit' hat im Zen eine alles umfassende Bedeutung; diese Leere, diese Leerheit kann nicht wirklich etwas anderes meinen als die Liebe, wenn sie denn auf das Eine, das Absolute deutet.

Die Liebe ist ein Begriff, der auch jedem gewöhnlichen Menschen gegenwärtig ist, nur meint er damit etwas vollständig anderes als die Leere/Leerheit. Es gibt die menschliche Liebe und es gibt die absolute Liebe, aber es gibt nicht die menschliche Leere, und deshalb ist die Leere ein Begriff, der für den gewöhnlichen Menschen nur mit einer negativen Note vorkommt: Wenn ich mich leer fühle, dann bedeutet das, dass ich in mir einen Mangel wahrnehme, ein Loch, das gefüllt werden muss. Diese Leere der Ermangelung ist jedoch keineswegs leer. Die absolute Leerheit des Seins kennt ein Mensch nicht, und selbst die bewusste Annäherung an diese absolute Leere, wie sie im Zen geschieht, ist dem westlichen Menschen fremd, selbst in seiner spirituellen Kultur, dem Christentum. Es handelt sich um eine Tradition der Annäherung, die sich im

Kulturkreis von China und Japan ausgeprägt hat, aber die christliche Lehre hat einen anderen Zugang gewählt, den Weg der bedingungslosen Liebe. Selbst die radikalsten inneren Traditionen können noch in ihrer Annäherung an die Wahrheit in diesen zwei Geschmacksrichtungen unterschieden werden. Es kann sich jedoch nur um dasselbe Eine und um dieselbe finale Erkenntnis handeln.

Die ursprüngliche Botschaft Jesu Christi ist eindeutig eine Lehre der Liebe, keine Lehre der Leere. Der Geschmack ist ein anderer als der des Buddhas. „Liebe deinen Nächsten wie dich selbst" – die Nächstenliebe ist eine essenzielle Botschaft für die Masse der gläubigen Christen. Aber was die absolute Lehre der Liebe ist, und ob sie von der absoluten Lehre der Leere unterschieden ist, das wissen wir zunächst nicht. Doch kann es nicht wirklich einen Unterschied geben, wenn es doch nur das EINE gibt und wenn die letzte Erkenntnis in jeder reinen Lehre dieselbe ist und sein muss. Denn sonst würde es sich nicht um eine universelle Wahrheitslehre handeln.

F: Du sagst also, die Lehren der Liebe und die Lehren der Leere sind am Ende identisch?

OM: Es gibt keinen Unterschied mehr zwischen der Leere und der Liebe, wenn diese Begriffe auf das Absolute hindeuten. Natürlich, wenn wir den christlichen Weg betreten, dann gehen wir durch das gesamte Labyrinth der Vorstellungen begrenzter Liebe, wir gehen durch die begrenzten Schichten menschlicher Liebe, halten all das für die Liebe selbst und müssen dann die Erfahrung machen, dass auch das immer wieder entleert werden muss, dass auch die begrenzte, die menschliche Liebe immer wieder entleert werden muss für das Eine, für das, was die absolute Liebe IST, ohne dass der Geist wissen kann, was es IST.

Und wenn du mich jetzt mit einem leichten Zweifel fragst, ob im *Sosein* die Glückseligkeit fehlen könne, (ich übersetze das jetzt einmal etwas vereinfacht), dann ist das vielleicht immer noch ein Hinweis darauf, dass es in dir subtile Vorstellungen darüber gibt, welchen Geschmack das Sein des Absoluten in sich tragen sollte oder müsste. Wenn Liebe kein Gefühl mehr ist, wenn Liebe das Absolute meint, wenn Liebe Gott selbst meint, dann hat sie keinen Geschmack mehr. Und dennoch gibt es so etwas wie verschiedene Geschmacksrichtungen, die dieses Eine, Reine – die Quelle – in seiner Manifestation annehmen kann. Die indische Philosophie beschreibt dieses Eine deshalb auch in der Dreiheit von *sat-chit-ananda*. *Ananda* ist der Geschmack der Glückseligkeit des Einen, *chit* der Geschmack des reinen, leeren Bewusstseins und *sat* der Geschmack des allumfassenden Seins, welches alle Ebenen des Daseins einschließt. Jeder Augenblick des *Soseins* hat eine Note innerhalb dieser Dreiheit, ist jedoch in seiner Einheit unberührt. Das *Sosein* der Totalität, es kann absolut leer sein, es kann aber auch übervoll sein. Und wenn wir uns fragen: „Ist das ein Unterschied?", so muss die tiefe Selbsterforschung des Erfahrungsweges das herausfinden, anstatt dass ahnungslose, aber aufgeblasene theoretische Philosophen das intellektuell herleiten. Ich ermutige die Schüler, es herauszufinden.
Da es in den spirituellen Traditionen immer diese beiden

gegensätzlichen Annäherungen gegeben hat, haben Menschen der verschiedenen Traditionen geglaubt, entweder nur das eine sei richtig, oder nur das andere. Wie kann das Sein gleichzeitig vollständig entleert sein und vollständig gefüllt und übervoll? Wie kann Liebe und Leere dasselbe sein? Es ist für einen inneren Menschen ab einer gewissen inneren Tiefe möglich, in das EINE zu schauen, und zu sehen, dass es zwei verschiedene „Finger" gibt, „die auf den Mond zeigen", wie es im Zen heißt, dass der Mond jedoch derselbe ist.

Der Meditierende entleert sich von der Welt, nur damit sie sich mit *shakti*[83] füllen kann. *Shakti* und die Kraft der Liebe sind eins. Der Liebende dringt ein ins Innerste der Welt, wird auf diese Weise vollständig angefüllt mit der Welt, nur damit sie sich wieder entleeren kann. Diese Zusammenhänge entnehmen wir ausschließlich den inneren Erfahrungen und Erkenntnissen, die Seher aller Zeiten machten. Sie alle gelangten zum Selben.

Dies ist der große Vereinigungsweg, der *integrale Yoga*[84], den ich lehre. Auf diesem Weg gibt es viele kleine Vereinigungen, die ich auch als *kleine Hochzeiten*[85] beschreibe, und die Große Vereinigung, die *Große Hochzeit*[86]. Sein Wesen beschreibe ich im *paradoxen Weg*. Paradox ist er, weil er der Logik des Verstandes ihre Grenzen aufzeigt und damit das Ende des Verstandes einläutet. Ich habe in dem Buch *Intelligenz des Erwachens* folgendes einfache Bild benutzt: Zwei spirituell Suchende stehen auf einer großen Kugel Rücken an Rücken und gehen in entgegengesetzte Richtungen los. Sie wissen jedoch noch nicht, dass sie auf einer Kugel stehen. (Das Wissen, dass die

Erde eine Kugel ist, das ist zwar bei der Naturwissenschaft längst angekommen, in der Inneren Wissenschaft der allermeisten Menschen ist die Erde jedoch noch eine Scheibe.) Der Eine geht den östlichen Weg, den Zen-Weg der Entleerung, und der Andere geht in entgegengesetzter Richtung den christlichen Weg der Erfüllung. Zunächst und über lange Zeit des Weges entfernen sie sich ausschließlich voneinander und es scheint keinerlei Annäherung zu geben. Da aber jede Bewegung des Universums eine Kreisbewegung ist und wieder an demselben Punkt ankommt, von wo sie begann, treffen sie sich wieder an dem gleichen Punkt, stehen sich gegenüber und schauen sich in die Augen, beide überrascht. In diesem Moment der Vereinigung geschieht dann die Erkenntnis, dass die Wege, die sie zurückgelegt haben, nicht unterschiedlich waren, dass sie nur einen unterschiedlichen Zugang gewählt haben – jenen, der ihren Neigungen entsprach, der ihrem Wesen entsprach. Sie haben ihn nicht einmal gewählt, er wurde durch sie einfach beschritten.

Dieselben Betrachtungen finden wir in der taoistischen Schule des *yin* und *yang*. Über jedes dieser beiden Urprinzipien ist die Annäherung an die absolute Wahrheit möglich, aber am Ende müssen sie sich vereinigen und in der Vereinigung lösen sich Yin und Yang auf. In unserer christlichen Tradition bezeichne ich sie als die linke und die rechte Hand Gottes. Diese beiden Hände, sie kommen wieder zusammen, so wie es auch in jener Gebets- und Andachtsgeste gezeigt wird, die traditionsübergreifend vorkommt. (Abbildungen 5)
Auch im *tantra* gibt es ja linkshändiges und rechtshändiges

Abb.5:

Rechte und linke Hand vereint

Betender Buddha
Stein-Skulptur

Namaste eines Sadhu in
Madurai (Indien)
Foto von Claude Renault

Betende Hände
(christlich)
von Albrecht Dürer, 1508

Tantra. Wo auch immer wir in spirituelle Lehren schauen, es scheint die gleiche Polarität durch, die Suchende anfänglich brauchen, weil es dem inneren Ringen der Polaritäten in ihrem eigenen Bewusstsein entspricht. Yin- und Yangkräfte im Menschen müssen zuerst identifiziert und dann transformiert werden.

Das ist der Vereinigungsweg: die Vereinigung von Körper, Seele, Geist, die Vereinigung der Leere mit der Liebe, die Vereinigung Gottes rechter und linker Hand, die Vereinigung der spirituellen Wege, die Verschmelzung von Allem im Einen.

ॐ

Eine Liebe, die sich nicht mehr umkehrt

F: Ich glaubte zu wissen oder zumindest zu fühlen, was Liebe ist, entdecke aber bei tieferer Erforschung, dass ich immer verwirrter werde. Ich bitte Dich um Orientierungshilfe.

OM: Wenn Menschen von Liebe sprechen, dann meinen sie vielleicht etwas ganz anderes als das, was die innere Lehre, die Mystik meint, wenn sie von der Liebe spricht. Was Jesus meint, wenn er von der Liebe spricht. Was das brennende Herz Jesu symbolisiert. Es gibt eine Liebe, die sich nicht mehr umkehrt, nicht in Schmerz, nicht in Hass. Eine Liebe, die sich auch deswegen nicht umkehrt – nicht umkehren kann –, weil sie kein Gefühl ist.

Die romantische Liebe, die Mann und Frau anzieht, stammt auch aus der allumfassenden Liebe und ist in ihrem Kern rein, und doch findet in ihr potenziell eine Umkehrung statt. Die Umkehrung geschieht nicht in der Liebe selbst, sondern sie geschieht durch Einwirkung des denkenden Geistes, durch seine Unwissenheit, seine Verblendung. Das, was wir im Abendland die romantische Liebe nennen, ist nicht wirklich eine Form der Liebe, sondern eine Vorstellungswelt über die Liebe, vermischt mit der Liebe, wie ich auch in den Ausführungen zu Tristan und Isolde mitgeteilt habe.[87] „Eine Vorstellungswelt der Liebe", das ist die Liebe, eingebunden in ein vom denkenden Geist geschaffenes System. Die Umkehrung von Liebe in Hass, die Umkehrung von Liebe in Eifersucht, Gewalt, Zorn, Leid, das ist keine Umkehrung, die in der Liebe selbst geschieht. Es ist eine Umkehrung, die im Geiste geschieht. Es war der Geist, der zunächst die Hinwendung produzierte, und es ist der Geist, der alsbald die Abwendung produziert. Beides sind geistige Welten. Die Liebe selbst ist davon unberührt. Jenseits von Hin- oder Abwendung IST sie. Da die Menschen zunächst nicht unterscheiden können zwischen dem, was ihre geistige Welt selbst produziert, und dem, was jenseits dieser geistigen Welt einfach IST, kommt es zu einer Verwechslung, die auch eine Vermischung ist. Das, was wir die menschliche Liebe nennen, ist ein nicht differenzierter Begriff, der eine Liebe beschreibt, die nicht nur deswegen begrenzt ist, weil sie menschlich und nicht göttlich ist, sondern weil diese menschliche Liebe eine Mischform zwischen geistig produzierten Vorstellungen über die Liebe und menschlicher Herzensliebe ist.

F: Und was ist der Unterschied zwischen der menschlichen Herzensliebe und der Liebe, welche die Mystik verehrt? Die menschliche Herzensliebe ist doch auch rein, oder?

OM: Die menschliche Herzensliebe ist in ihrer Essenz auch rein, wenn sie vom denkenden Geist unbefleckt ist. Dennoch ist sie begrenzt, weil sie einer begrenzten Erkenntnisstufe entspricht. Beginnend mit dem Säugetier existiert auf jeder Evolutionsstufe der Entwicklung des Bewusstseins eine Form der Liebe. Auf den höheren Erkenntnisstufen wird die Liebe vom Herzzentrum, wo sie noch als Gefühl erscheint, in die geistige Dimension geführt, wo sie als *Heilige Idee*[88] existiert. Das Gefühl der Liebe ist begrenzt. Die *Heilige Idee* der Liebe ist die Ewige Liebe. Die *Heilige Idee* enthält das Gefühl, aber das Gefühl enthält nicht die *Heilige Idee*. Das Gefühl der Liebe kann sich umkehren, die *Heilige Idee* der Liebe nicht.

ॐ

Selbstliebe ist nicht SELBSTliebe

F: Der Begriff ‚Selbstliebe' verwirrt mich. Wie kann ich selbst mich selbstbezogen lieben? Das erscheint mir zu eng. Mein Herz brennt doch für etwas viel Größeres! Wo liegt mein Irrtum?

OM: Wenn du das Ich, welches du auch *Ich selbst* nennst, für das Innerste hältst, dann bist du nur ein durchschnittlicher Narzisst. Wer glaubt, es gäbe ein unnarzisstisches Ich, hat noch nicht verstanden, was das Ich eigentlich ist. Narzissmus ist ein unscharfer Begriff für die Liebe des Ich für sich selbst. „Ich liebe mich selbst" ist nicht dasselbe, wie „Ich liebe das SELBST." Die Worte sind dieselben, doch in der Liebe zum SELBST berührst du zum ersten Mal das, was ich den *Geschmack des SEINS* nenne, er ist jenseits von Worten. Es ist der Geschmack der Seele, der unbeschreibbar ist und der dich zunächst sprachlos und ohne Worte zurücklässt. Dieser Geschmack hat nichts mit Selbstliebe zu tun, die Ichliebe ist. Ichliebe ist nicht verboten, im Gegenteil, sie ist ein Schritt, ein Entwicklungsschritt, der wichtig ist, denn die Ichliebe kann sich in einem spirituellen Menschen in die SELBSTliebe verwandeln. Das ist die Verliebtheit in das SELBST, in der Gottesmystik unserer Tradition tritt sie in Erscheinung als die Liebe für Jesus Christus, in der nondualen Mystik ist es die reine Gottesliebe. Die Mystiker aller Zeiten besingen sie, verehren und beschreiben sie in spirituellen Liebesgedichten oder in anderen Formen der Lehre bis hin zum reinen Schweigen.

Du suchst die Liebe? Das ist es, was du wirklich gesucht hast. Ich kann sehen, dass du glühst. Und ich kann dir nur sagen, dass dieses Glühen des Herzensfeuers in dir freigelegt ist. Es gibt in dir das Potenzial, dass dieses Herzensfeuer das HERZ vollständig öffnen kann. Du bist transparent. Es braucht Disziplin, die dich lehrt, dich nicht ablenken zu lassen und die dich lehrt, wirklich bei diesem inneren Glühen zu bleiben.

ॐ

Vergängliche Liebe – unvergängliche Liebe

F: Sind Liebesbeziehungen letztlich wie das Rauchen einer Zigarette? Du bist da so lange, bis sie fertig ist, dann ist sie fertig und es bleibt nur noch ein Rauch. Und irgendwann hast du dann die Möglichkeit, dir eine andere anzuzünden, bis das Feuer wieder erlischt. All dies, damit man etwas lernen kann, aber gleich wieder loslassen soll? Ich möchte jedoch wissen, wieso dieses Feuer erlischt. Oder erlischt nur das Falsche, damit das Wahre bleiben kann?

OM: Es geht letztlich doch immer wieder um die Nichtakzeptanz, ja die Nichtrealisation der Vergänglichkeit. Dieses Bild vom Rauchen einer Zigarette könnte von einem Zenmeister benutzt werden, es könnte aber auch sarkastisch von einem eigentlich enttäuschten Geist angewendet werden, der das Wesen der Vergänglichkeit grundlegend nicht realisiert hat.

Dauert diese Liebesbeziehung so lange, wie das Rauchen einer Zigarette und am Ende bleibt nur noch ein Rauch? Ist es nicht eigentlich so mit dem ganzen Leben? Ich meine, nenne mir ein anderes Beispiel aus der Vergänglichkeit, wo nicht nur Rauch übrigbleibt. Es bleibt überall nur Rauch übrig. Und ich merke, dass du im Grunde daran leidest, dass du in der Tiefe noch keine wirkliche Akzeptanz besitzt gegenüber der Vergänglichkeit der menschlichen Liebe.

Die spirituelle Dimension der Liebe ist nicht dasselbe, wie die Liebe zwischen Mann und Frau. Gibt es unvergängliche Liebe? Nicht zwischen Mann und Frau. Die ewige Liebe zwischen Mann und Frau ist ein Mythos aus der Liebesvorstellung des Abendlandes, der *romantischen Liebe*. In diesem Mythos wurde die spirituelle Dimension der Liebe mit der menschlichen Liebe vermischt und dadurch kommt es zu einer unseligen Ebenenverwechslung mit leidvollen Folgen für die Liebenden. Die menschliche Liebe kann ein Tor sein, welches in die unvergängliche Liebe führt, aber nur unter der Bedingung, dass der oder die Liebende versteht, durch dieses Tor nach *innen* einzukehren und dort zu verweilen. So geschieht ein Fall in die Liebe, und dieser innere Fall führt in die unvergängliche Liebe des Herzens.

F: Du sprachst zuvor von der Essenz der Dinge. Wo ist diese Essenz?

OM: Die Essenz ist im Innersten und zu diesem Innersten können wir vordringen. Alles, was vergänglich ist, auch die vergängliche Liebe, hat eine Essenz. Und es ist möglich, dass du zu dieser unvergänglichen Essenz vordringst. Die Liebe der Nonne zu Jesus Christus ist der Essenz bereits näher als die vergängliche Liebe zwischen Mann und Frau. All diese Ebenen der Liebe sind nicht voneinander getrennt.

Aber in der mystischen Liebe der Nonne zu Jesus Christus ist bereits der Geschmack der Unvergänglichkeit enthalten. Die Mystik ist die innere Religion, die Essenz der Religion, welche den Menschen die Unvergänglichkeit im Innen offenbart. Die Essenz der Liebe braucht keinen Spiegel mehr, keinen menschlichen Liebhaber, nicht einmal mehr einen geistigen. Es ist Liebe ohne Spiegelbild.

F: Das berührt mich, ich merke auch, dass ich durch diese sich wiederholenden Geschichten irgendwie einen Zugang habe, um tiefer zu fallen. In mir ist ein tiefer Wunsch, tiefer zu fallen und zum Kern vorzudringen, wie du sagst.

OM: Hast du Zugang zur Liebe der Nonne?

F: Ja, ich sehe das als die Liebe ohne Anhaftung. Ohne Greifen, ohne Wollen. Sie ist da, wenn sie da ist, sie schenkt sich. Und sie erwartet auch nicht, dass etwas zurückkommt, weil es einfach da ist.

OM: Der Weg der Nichtanhaftung ist die erkenntnisreiche Antwort auf das Wesen der Vergänglichkeit. Die einzig sinnvolle und intelligente Antwort, die nicht viele Menschen bereit sind zu geben. Was für eine andere Antwort auf das Wesen der Vergänglichkeit sollte es geben? Festhalten? Besitzen wollen? Ansammeln? All das sind Antworten des einfachen Menschen, die von der Ignoranz über das Wesen der Vergänglichkeit zeugen und die Leiden verursachen.

ॐ

Die Illusion des verlorenen Urgrundes in der Vergangenheit

OM: Du arbeitest als Hebamme. Es gibt etwas, das du über Babys wissen musst, es ist gleichermaßen ernüchternd und erhellend. Du schreibst hier: „Wenn ich ein Neugeborenes unmittelbar nach der Geburt in meinen Armen halte und ihm in die Augen blicke, ist es, als würde mich die Essenz allen Seins durchströmen, ja, der Urgrund, die Liebe selbst, die nicht fragt, sondern einfach ist."

Das ist wahr und unwahr zugleich. Wahr ist, dass das Neugeborene einen Zustand repräsentiert, den wir auch als den archaischen Urgrund menschlichen Bewusstseins bezeichnen können. Wahr ist, dass dieser Zustand absolut rein und transparent ist, weil er noch eins ist mit der Quelle, unverschmutzt durch den denkenden Geist, welcher noch nicht geboren wurde. Und natürlich ist die Quelle immer auch die Liebe. Doch die Liebe ist erst dann die Liebe, wenn sie bewusst ist. Und bewusst ist sie erst dann, wenn sie durch einen Transformationsprozess in der menschlichen Evolution enthüllt worden ist. Dazu musste zunächst die unbewusste Abkehr von der Quelle durch die Geburt des denkenden Geistes geschehen. Deshalb ist es unwahr, dass das Neugeborene die Liebe selbst repräsentiert. Eine vorbewusste Wesenheit wie ein Säugling, oder auch ein Hund, kann niemals die Liebe repräsentieren. Die Liebe, die du siehst, ist deine Liebe, die Liebe der Mutter (auch die Hebamme repräsentiert den Archetyp der Mutter) für das Neugeborene und für den Akt der Schöpfung an sich, insbesondere natürlich die menschliche Geburt. Diese Liebe wird auf das Objekt projiziert, sodass das Ich spricht: „Ich liebe dieses Baby." Das Ich schaut den Hund an und denkt: „Gott, ist der süß." Diese Süße, die du in dem Hund siehst, hat so viel oder so wenig mit Liebe zu tun, wie die Affenliebe einer Mutter mit Liebe zu tun hat. Emotionalisierte Verklärung und Sentimentalität des Geistes tragen dazu bei, dass es zu einer tiefgreifenden Verwechslung, einer Täuschung der Liebe kommt. Diese Verwechslung ist sehr tiefgreifend und reicht auf dem spirituellen Weg bis hinein in Erleuchtungsvorstellungen. Der große Philosoph und Bewusstseinsforscher Ken Wilber führt die Verwechslung unter dem Begriff der Prä-/Trans-Verwechslung[89] ein. Eine schwerwiegende Folge dieses Missverständnisses besteht in der daraus folgenden Idee eines Menschen, er müsste zurückkehren zu dem Urgrund, um wieder in den Zustand zu gelangen, in dem das Neugeborene ist. Die ganze Wahrheit über das Neugeborene besteht darin, dass es einen Zustand repräsentiert, in dem sein Leidensweg bereits angelegt ist, so wie ein Same, der seine Frucht noch nicht ausgetragen hat. Der Verlust der Einheit steht bevor. Der Leidensweg, der auch der Erkenntnisweg ist, steht bevor.

Wenn die Meister vom Urgrund der Liebe sprechen, so kann dieser Urgrund niemals durch Rückkehr an einen vergangenen Ort erreicht werden. Jede Vorstellung einer Rückkehr beruht auf dieser Prä-/Trans-Verwechslung. Rückkehr ist nichts anderes als Regression in ein rückwärtsgewandtes Leben, eine rückwärtsgewandte Vorstellung von Liebe, von Erlösung, von Freiheit, von Erleuchtung. Dahinter steht die Vorstellung eines verlorenen Paradieses in der Vergangenheit. Die allermeisten Menschen beherbergen zumindest Spuren dieser Verwechslung in ihrer geistigen Welt und glauben unbewusst, sie müssten irgendwohin zurückkehren, um ES wiederzufinden: die Wahrheit, die Liebe, den verlorenen Urgrund ihrer Selbst. Geh davon aus, dass eine erhebliche Zahl von Selbstmorden aufgrund dieser Verwechslung geschieht. Ich sage dir, du musst nirgendwohin zurückkehren. Der Urgrund, den du suchst, die Erkenntnis dieses Urgrundes, entfaltet sich in einer vorwärts gewandten Bewegung.

Die Liebe, die frei ist, das ist die Liebe, die durch die Transformation aller niederen Zustände der Vergangenheit gegangen ist. All diese Zustände waren notwendig für diese Enthüllung. Die Entwicklung dieses Organismus geht in das Höchste, in die höchste Form der Entfaltung von Intelligenz, und all das geschieht im Urgrund. Du hast diesen Urgrund nicht verloren, höre auf danach zu suchen, weder in der Vergangenheit noch in der Zukunft. Was ist in dir?

F: Eine radikale Desillusionierung.

OM: Desillusionierung von was?

F: Von dem, was ich meinte zu spüren in diesem Augenblick, in dem ich ein Neugeborenes in Händen hielt.

ॐ

Die Scham der Offenbarung der Liebe

OM: Fällt es dir eigentlich schwer zu sagen: Ich liebe dich?

Eigentlich sollten wir uns eher dafür schämen, dass wir leiden, aber nicht, dass wir lieben. Es ist das Leiden an der

Unwissenheit über die wahre Natur, das am weitesten verbreitete Phänomen der Menschheit überhaupt. Dieses Leiden ist Ausdruck der Abkehr von dir selbst, Ausdruck der Abkehr von der Liebe. Und diese Liebe in dir ist ganz offensichtlich mit Scham belegt worden. Erlaube der Liebe, hinter dem Schleier der Scham durchzuscheinen. Wie kann es sein, dass der Ausdruck von Liebe mit Scham belegt wird? Wer hat dir das beigebracht? Wie kann es sein, dass es dir leicht fällt, Leiden auszudrücken, aber nicht Liebe? Weil du immer noch glaubst, dass du für dein Leiden geliebt wirst? Und für die Liebe nicht? Warum solltest du auch geliebt werden für die Liebe? Wenn du in Liebe *bist,* gibt es keine Notwendigkeit mehr, geliebt zu werden. Wenn Liebe einfach *ist,* und auch der Ausdruck von Liebe entsprechend ohne Verbot ist, dann gibt es weder eine Notwendigkeit, dass **du** liebst, noch gibt es eine Notwendigkeit dafür, dass **du** geliebt wirst. Sowohl die Bemühung des Ichs, geliebt zu werden, als auch die Bemühung des Ichs, zu lieben, sind zwei Spielarten des Mangels. Der innere Mangel beruht auf Formen des Widerstandes gegen *Das-was-ist.* Du musst weder Liebe geben, noch musst du Liebe bekommen.

Wenn du den Ausdruck von Liebe erlaubst, dann erkennst du früher oder später, dass Liebe einfach *ist.* Solange du sie jedoch mit Scham belegst, bist du nicht bereit, in Liebe und Wahrheit mit dir selbst zu sein. Du erkennst die *Realität* nicht. Es handelt sich um einen folgenreichen Trugschluss, zu glauben, geliebt zu werden sei die Erlösung aus dem inneren Mangeldasein. Besonders der Geist in vielen Frauen glaubt das. Männer haben andere, nicht weniger folgenreiche Missverständnisse, die sie ihr wahres Wesen nicht erkennen lassen.

Erst erzeugst du einen Mangel, weil du nicht bereit bist, mit dem zu sein, was *ist,* und dann verwendest du dein Leben, diesen Mangel zu beheben, indem du geliebt werden willst, Anerkennung, Gesehen-werden-wollen, Verstanden-werden-wollen – es gibt so viele Ausdrücke für ein und dasselbe Spiel des Leidens, ein und denselben Lug und Trug, den dieses Ich, welches an die unerfüllte Liebe glaubt, spielt. All das ist nur eine Folge davon, dass das *Sein in Liebe* und der Ausdruck davon, der unbegrenzte Ausdruck davon belegt wurde mit einem Verbot, mit Scham, mit Schuld, mit Denken, mit Konzeptwissen, mit Leiden. Wenn du einfach nur diesen Satz sagst, wenn du diesen Satz fühlst, während du es sagst, einfach nur ‚ich liebe dich' …

F: … das führt mich tiefer…

OM: … und es ist so einfach. Ja, in Amerika hörst du diesen Satz ständig, und man spürt, dass es in diesem amerikanisch verblendeten Geist um etwas anderes geht, um die wahre Liebe freizulegen: das Erwachen aus geheuchelter, falscher Liebe. Aber besonders im deutschen Kollektiv ist es genau umgekehrt. Im deutschen Über-Ich ist es meist verboten. „Ich liebe dich", das heißt vollständig: „Ich liebe dich, mein Herz."

ॐ

Liebe ist das Wesen der Frau

F: In mir ist so viel Liebe, warme Liebe, heiße Liebe. Nach außen gebe ich mich aber eher kalt, abweisend, wie eine

Eisprinzessin. Das empfinde ich als total verrückt, geradezu gegen die Natur. Was mache ich da und warum?

OM: Eingefrorene Liebe, vereiste Liebe. Liebe, der der Ausdruck verweigert wurde. Wie kann sie auftauen?

F.: Da ist so viel Scham – irgendwie.

OM: Und wieso solltest du dich für die Liebe schämen? Du bist leider keine Ausnahme, kein ungewöhnlicher Fall. Vielmehr ist es die Regel, dass sich das Ich in der Frau der Liebe schämt, nicht an der Oberfläche, aber in der Tiefe, spätestens dann, wenn sie in der Tiefe ihres Bewusstseins den Kern der Liebe berührt, die spirituelle Dimension der Liebe. Aber die Liebe ist das Wesen der Frau, und sich für die Liebe zu schämen, bedeutet, sich für das Wesen zu schämen. Wer kann sich für das schämen, was seine wahre Natur ist? Es handelt sich um eine 180°-Verdrehung der Realität.

Tatsächlich wäre es sinnvoller und erkenntnisbringender, sich für das Nicht-Wesen zu schämen, denn das könnte die Tore zum wahren Wesen öffnen. Das Wesen der Frau wurde in unserer Kultur seit jeher unterdrückt. Es sind nicht ‚Männer', die es unterdrücken. Das ist die eher einfältige Sichtweise ahnungsloser Menschen, die sich in inneren Welten nicht auskennen. Es ist der Geist in Männern und Frauen, der das Wesen der Frau unterdrückt. Es sind über die Jahrhunderte in christlicher Tradition akkumulierte Missverständnisse über sie selbst und über ihr Wesen, die sich im Geist der Frau, und nicht nur dort, angesammelt haben und sie dazu verleiten, sich für das zu schämen, was sie *ist*. Die Welt, in der sie glaubte, überleben zu müssen und geliebt werden zu müssen, war ihrem Wesen nicht zugeneigt, sodass sie begann, dieses Wesen zu verleugnen und es einfrieren. So befindet sich das Wesen der Frau seit langer Zeit in einem Dornröschenschlaf, aus dem es wieder erweckt werden muss.

Die ganze Idee der ‚Gleichberechtigung' der Frau, wie sie in der Moderne zur politischen Agenda gehört, ist zwar gut gemeint, dennoch ahnungslos und führt am Wesentlichen vorbei, denn wenn der Geist in Frauen es Männern gleichtun will, dann ist das in keiner Weise ‚feministisch'. Feminismus in der Tiefendeutung des inneren Weges bedeutet Hinwendung zum wahren Wesen der Frau, zur weiblichen Seele im Mann *und* in der Frau. Leben wir in einem Patriarchat? Wer verstehen will, was das wirklich ist, ein Patriarchat', der muss die kollektive, geschichtliche Entwicklung des Über-Ichs kennen und verstehen. Heute leben Teile der akademischen (Schein-)Elite in einem Übergang vom ‚Patriarchat' in ein ‚Matriarchat' des Über-Ichs, und in dieser Wandlung liegt durchaus ein begrenzter Erkenntnisgewinn. Allerdings ist das noch lange keine Hinwendung zum Wesen der Frau, zur weiblichen Seele. Wir leben nicht in einer Gesellschaft, die durch ‚den Mann' dominiert wird, sondern in einer Gesellschaft, die durch den denkenden Geist dominiert wird – eine Gesellschaft, die besetzt ist, befallen durch einen Geist. So wird es die innere Lehre ausdrücken, eine Lehre, die einzig den Unterschied zwischen Geist und Seele kennt. Dieser Geist ist weder männlich, noch weiblich, auch wenn er ‚weibliche Konzepte' als Ideen vertritt. Wenn dieser Geist nicht mit dem Wesen der

Frau verbunden, eins ist, dann sind all diese Konzepte letztlich wertlos.

Das Erwachen der weiblichen Seele aus dem Dornröschenschlaf ist manchmal schmerzhaft. Du musst dir vorstellen, die Seele erwacht aus einem Winterschlaf, alles ist noch eingefroren, eingerostet. Das ist nicht immer angenehm. Doch weißt du, dass du keine andere Wahl hast. Die Erkenntnis deines Wesens der Liebe ist deine Befreiung.

ॐ

Verzicht

Die Dunkelheit lehrt mich den Verzicht auf die Welt

F: Lieber OM, die Zeit im Dunkelraum war für mich von großer Bedeutung. Das Nichts und die Leere sind sehr anziehend für mich. Dennoch hindert mich etwas, in die Tiefe zu gehen. Ich weiß nicht, ob ich die Angst nicht sehe, oder ob es etwas anderes ist, das mich hindert.

OM: Es ist etwas anderes. Weißt du, jede Nacht haben wir keine Schwierigkeit damit, die Welt aufzugeben und in die Schwärze zu fallen. Der Volksmund spricht vom „selig in den Schlaf fallen"; selig heißt in die Seele, d.h. es verschafft uns mehr als Befriedigung, die Welt loszulassen. Unerfüllte Wünsche an die Welt spielen plötzlich keine Rolle mehr. Doch dann ändert sich beim Aufwachen der Bewusstseinszustand wieder, die Welt erscheint und mit ihr unsere unerfüllten Wünsche an die Welt, und all das, von dem wir glauben, nicht darauf verzichten zu können. D.h. die Dunkelheit lehrt mich den Verzicht auf die Welt, aber sie lehrt mich mehr als das, sie lehrt mich, dass dieser Verzicht auf die Welt gar kein Verzicht mehr ist, denn die Dunkelheit legt etwas frei: Sie befreit mich von meinen eigenen Verwicklungen mit den Schleiern dieser Welt, sie lässt mich eintauchen in mich selbst, und sie lehrt mich, dass dieses Eintauchen in mich selbst durch nichts in der Welt ersetzt werden kann. Die Menschen verbringen ihr Leben damit, ihren unerfüllten Wünschen in der Welt hinterherzujagen. Das ist leidvoll und unwissend. Wer den Mut findet, in die Dunkelheit wirklich einzukehren, der taucht durch all diese Formen des Entzugs seiner Wünsche, die den Verzicht ausmachen, hindurch, um dann letztlich in etwas zu fallen, das all diese unerfüllten Wünsche mehr als ersetzt, sie auflöst und jedes Interesse an der Welt in sich aufnimmt.

ॐ

Die höhere Bedeutung von Verzicht

F: Immer wieder habe ich es auf dem inneren Weg mit dem Thema ‚Gier nach Anerkennung' zu tun. Ich brauche da immer wieder Begleitung.

OM: Diese Gier nach Anerkennung ist ein wesentliches Thema des Ichs auf seiner Suche nach Liebe. Wir haben es hier mit einer gefräßigen Kraft zu tun, denn als solche muss man die Gier ja bezeichnen. Dieses Wesen muss sich von irgendetwas ernähren. Kein Dämon lebt nur von

Luft und Liebe, sondern diese Kräfte in der geistigen Welt benötigen irgendeinen Fraß. Und wenn wir verstehen, dass solche gefräßigen Kräfte austrocknen, wenn sie nichts mehr zu fressen bekommen, dann verstehen wir, was der Entzug für einen Süchtigen bedeutet. Es geht um das Verständnis, dass die Suchttendenz einen Mutterboden für gefräßige Wesenheiten, die keine Grenzen kennen, liefert. Es braucht ein bestimmtes Heilmittel, das in der Lage ist, dieser Gefräßigkeit ihren Mutterboden zu entziehen. Wie könnte so ein Heilmittel aussehen? Welche Eigenschaften müsste dieses Heilmittel besitzen?

F: Du sagtest schon öfter: „Das Heilmittel für die Gier ist Enthaltsamkeit." Ich frage mich, was das für mich bedeutet, denn alles, was ich tue, ist mit der Gier nach Anerkennung verseucht.

OM: Ja, das liegt an der Form dieser Kraft, die – wie ich eben schon sagte – keine Grenzen kennt und sich hemmungslos ausbreitet. Der weitere Zusammenhang in der Betrachtung dieser Leidenschaft und ihres Wirkens ist der, dass es in der heutigen Zeit – und ich spreche insbesondere vom Abendland, also unserer Kultur – kaum mehr einen Menschen gibt, der den asketischen Weg geht oder der wirklich ein tiefes und ernst zu nehmendes Verständnis des asketischen Weges besitzt. Wir leben in einer Zeit des äußeren Wohlstands, in der die Menschen die Heilwirkung inneren Verzichts aus dem Auge verloren haben. Allenfalls die Kirchen predigen Verzicht vor Ostern. Das sind die letzten Inseln, die zudem noch moralisch geprägt sind. Aber die spirituelle Bedeutung des Verzichtes auf dem inneren Weg ist kaum irgendwo gegenwärtig. Und das bezieht sich selbst auf Kreise von Menschen, die im weitesten Sinne an einem spirituellen Weg interessiert sind. Allerorten geht es um Erfüllung. In der weltlichen Gesellschaft ist das glücksbringende Stichwort, das in aller Munde ist, der sogenannte Konsum, was nichts anderes ist, als der verweltlichte Weg zur Erfüllung für den einfachen Menschen. Das ist der kollektive Mutterboden, auf dem eine gefräßige Kraft wie die Gier überhaupt wachsen kann.

Diesem Weg des Anfängers stelle ich den Weg des Fortgeschrittenen und den Weg des Fortschreitenden gegenüber, der dieses ungebremste Überflussstreben nicht mehr mit moralischen Mitteln zu bekämpfen sucht, so wie es die Glaubenskirche versucht. Vielmehr gewinnt der Adept dieses inneren Weges ein höheres Verständnis über die Bedeutung innerer Entleerung für die Befreiung der Seele des Menschen. Menschen beherbergen keine geistigen Kräfte, von denen sie nicht in der Tiefe glauben, dass sie ihnen in irgendeiner Form Gewinn bringen. Gier verspricht größtmögliche Erfüllung. Und größtmögliche Erfüllung ist gleich größtmögliches Glück. So denkt auch dein Ich.

Es braucht deine Wertschätzung gegenüber dem Prinzip des Verzichts. Und diese Wertschätzung kann nur aus innerer Erkenntnis erwachsen und nicht aus einem neuen Konzept spiritueller Tugendhaftigkeit, welches dein Über-Ich dann gegen die Gier verwenden will. Es gibt keine Vorbilder, an die du dich halten kannst, keinen Franz von Assisi. Im kollektiven Bewusstseinszustand der Moderne ist der Verzicht zu einem Schimpfwort degeneriert. Menschen assoziieren dabei veraltete, ‚unzeitgemäße' Glaubenshaltungen frommer, christlicher Menschen, oder vielleicht der Kriegsgeneration, doch in das Konzept einer Wohlstandsgesellschaft passt der Verzicht nicht. Wohin uns das führt und wohin uns das zu Beginn des neuen Jahrtausends schon geführt hat in der Welt, das können wir überall bezeugen.

Was ich sage, ist: Gewinne ein neues Verständnis eines höheren Prinzips des geistigen Weges, nämlich die Bedeutung des Verzichts als ein Nadelöhr, durch das ein Mensch gehen muss, der jede Form innerer Enge aufgeben möchte. Es handelt sich um eine der Paradoxien des inneren Weges, dass wir durch einen verengten inneren Raum gehen müssen, ein Nadelöhr, um einen inneren Raum des Bewusstseins zu betreten, der innere Enge nicht kennt. Das Kamel wird durchs Nadelöhr getrieben, um einen Raum vorzufinden, der vollkommen befreit ist von jeder Verengung durch begrenzte ich-hafte Bewusstseinszustände. Wer dem Kamel beibringen will, am Nadelöhr vorbei geradewegs in die Weite zu reiten, so wie es die Gier lehrt, der hat das Wandlungsprinzip des inneren Weges, das Wesen der Transformation nicht begriffen, geschweige denn, dass er sie durchlaufen hat.

ॐ

Narzissmus der Mutter

F: Du sprichst vom Nadelöhr, ich schaue entsprechend auf mein Gepäck. Dieses Gepäck hat mit meiner Identität als Mutter zu tun. Es zeigt sich der ganze Narzissmus der Mutter.

OM: Der innere Weg führt uns immer wieder an einen Flaschenhals. Die entsprechende innere Erfahrung ist geprägt durch innere Enge und die auf den ersten Blick verständliche Reaktion des Ichs ist: „Ich will **raus** aus dieser Enge." Also nicht **rein.** Diese Reaktion ist die des Unwissenden, sie ist unintelligent und verursacht das Gegenteil der ursprünglichen Absicht. Ein Phänomen, welches für den Ich-Geist typisch ist, weswegen ich darauf hinweise, dass du, um erkennen zu können, ob es der Geist war, der handelte, auf die Resultate achten musst. Wenn nämlich das Herz handelt, sind Absicht und Resultate in einer Form des Einklangs.

Wenn du nun vor diesem Engpass stehst, den du als innere Grenze wahrnimmst, so ist es genau der richtige Moment, um dein Gepäck in Augenschein zu nehmen, denn es handelt sich um einen Durchgang, bei dem vermutlich jede Form von Gepäck, schlimmstenfalls (oder bestenfalls?) selbst Kleidung, nicht mit hindurchpasst. Wer also an einen Engpass des inneren Weges geraten ist, wird aufgefordert, auf Gepäck zu verzichten. Gepäck aufzugeben. Gepäck abzulegen.

Der Narzissmus der Mutter scheint ein Gepäck zu sein, das du noch trägst. Durch das Enneagramm sehen wir, dass der Narzissmus des Egos der Mutter nicht in der direkten, offensichtlichen, glanzheischenden Form auftritt, die wir gewöhnlich unscharf als Narzissmus identifizieren: diese hemmungslose Selbstbezogenheit des Ichs, das alles und nur das Beste für sich will. Der Narzissmus der Mutter meidet diese Direktheit und wählt einen Umweg, auch um den Narzissmus vor sich selbst zu verbergen. Es ist der Umweg des Gebrauchtwerdens, auf dem dieses Ego versucht, Bedeutung und Bedeutsamkeit für sich zu erlangen. Nun ist dieses Gebrauchtwerden zunächst ein noch relativ harmloser Vorgang, aber du drückst hier in deinem Brief aus, was offenbar dahintersteckt, nämlich der Anspruch von Macht. Ich zitiere aus deinem Brief: „ … Macht, die ich mir nahm, um über diese Kinder zu bestimmen, um sie zu manipulieren und sie von mir abhängig zu machen." So würde ein zur Selbstschmeichelei neigendes Mutterego normalerweise nie sprechen. Du kannst so sprechen, weil du durch Innere Arbeit in den Schatten deines Geistes sehen kannst. In jedem Fall handelt es sich um den Narzissmus der Mutter, der im Ennea-Typ 2 in der Selbstwahrnehmung des Unwissenden als „Liebe" erscheint. Deshalb ordnet die Enneagrammlehre die falsche Liebe[90] Punkt 2 zu.

Die Mutteridentifikation des Ichs gilt als eines der größten Hindernisse auf dem Befreiungsweg, weil der Weg der Nichtanhaftung – und überhaupt das Verständnis von Nichtanhaftung – gegenläufig zu den egoistischen Tendenzen der identifizierten Mutter ist.[91] Das heißt, sie trägt ihr Gepäck und sie trägt es gern. Denn dieses Gepäck ist ihre Lebensversicherung, so die Idee der narzisstischen Mutter. Wenn der Lehrer dich jetzt auffordert, auf dieses Gepäck zu verzichten, fragst du dich als identifizierte Mutter: Wer bin ich dann überhaupt noch? Ja, wer bist du dann? Dann bist du allein. Eine Schülerin schreibt in diesem Brief: „Es geht um den Entzug meiner Mutteridentifikation. Ich merke, wie ich süchtig bin nach Resonanz von meinem Sohn, irgendwelche Strohhalme der Zuwendung, die ich greifen will, um nicht alleine dazustehen." Wenn du also wirklich wissen willst, wer du bist, wenn du die Mutter gehen lässt, dann musst du durch das Nadelöhr gehen. Es gibt keine Absicherung. Du kannst deiner Nacktheit vertrauen. Und du kannst denjenigen vertrauen, die hindurchgegangen sind. Der innere Weg ist ein Prozess kontinuierlichen Abstreifens, das Abstreifen des Falschen: Gepäck mit Kleidung, Masken, Schminke. Du willst wissen, was bleibt? Was bleibt, ist in jedem Fall das, was du wirklich bist.

ॐ

Verzicht auf Anhaftung

F: OM, ich bin in Not und möchte dich um Hilfe bitten. Es geht mal wieder um meinen Sohn, der mit seinem Leben nicht zurechtkommt. Wenn ich sehe, wie er leidet, dann bin ich da voll drin, als wenn ich das selber wäre. Ich fühle mich so zerrissen zwischen diesem Verhaftet-Sein und dem anderen Pol, wo ich in Frieden damit sein kann.

OM: Was ist deine Frage?

F: Ich habe mir erhofft, dass Du mir irgendwas sagen kannst, was mich weiterbringt, was mich aus dieser Stagnation rausholt, damit ich wieder sehe, wo es lang geht.

OM: Nun, die Stagnation ist die Beschreibung eines energetischen Zustandes, und dieser Zustand ist Ausdruck von Verhaftung, ein Begriff, den du ja in deinen Ausführungen selbst benutzt hast. Wäre ein Mensch an nichts verhaftet, gäbe es kein Leiden mehr, sodass auch du dich fragen musst, in diesem Augenblick, woran bist du denn verhaftet?

F: Da sind immer noch Vorstellungen, dass es im außen das Glück zu holen gibt, dass es so was gibt wie eine heile Welt.

OM: Und diese heile Welt siehst du gefährdet, indem du der Not deines Sohnes in die Augen blickst?

F: Ja.

OM: Du bist nicht nur im weiteren Sinne an einer heilen Welt verhaftet, an einer kindlichen Vorstellung einer heilen Welt, du bist auch an deinem Sohn verhaftet.

F: Ich war vor sieben Jahren schon mal mit der gleichen Frage bei Dir, zum ersten Mal, und ich habe das Gefühl, ich bin in so einer Endlosschleife.

OM: Verhaftet ist dieses Ich dort, wo es etwas will. Und dort, wo es nichts will, ist es auch nicht verhaftet.

F: Ich will auch stolz sein auf meine Kinder. Und wenn sie mit ihrem Leben nicht zurechtkommen, dann kann ich nicht stolz sein.

OM: Das Ich der Mutter, das sagt: „Ich will stolz sein auf meine Kinder", meint auch nur sich selbst. Es hört sich zwar selbstlos an, wenn das Ich so etwas sagt, die Wahrheit ist jedoch, es ist nicht selbstlos.

F: Das ist mir klar, ich will mich damit schmücken.

OM: Wenn du das Zentrum dieser Anhaftung sehen kannst und bezeugen kannst, wie es dich selbst in Not bringt, dann würde ich dir empfehlen, diese Anhaftung aufzugeben. Kein

Mensch ist jemals durch Anhaftung in das Reich der Glückseligkeit eingetreten. Und warum fällt es den Menschen so schwer, das zu begreifen, dass diese unselige Haben-Kultur, diese Anhaftung an geistige Habseligkeiten, niemals hält, was sie verspricht? Und trotzdem tun die meisten Menschen ein Leben lang nichts anderes als das: Anhaftung an meinen Mann, Anhaftung an meine Frau, Anhaftung an meine Kinder, Anhaftung an die Welt, Anhaftung an alles, was sie kriegen können. Sie erkennen nicht, dass diese Objekte in ihrem Bewusstsein ihr eigener Geist sind.
Was ist das für eine Kultur? Es ist eine innere Kultur der Absicherung vor dem Unbekannten, Absicherung vor dem Fall, Absicherung vor dem Tod, Absicherung vor der Liebe – all das. Ich empfehle dir, auf diese geistigen Absicherungen zu verzichten. Und wenn du mir dann sagst, du kannst nicht vertrauen, dann muss ich dich fragen: Wem vertraust du eigentlich? Denn irgendjemandem oder irgendetwas vertrauen wir immer.

F: Im Moment ist da überhaupt kein Vertrauen, in nichts und niemanden.

OM: Wenn mir jemand sagt, ich bin voller Misstrauen, dann muss ich ihm leider entgegenhalten, dass er dem Misstrauen vertraut. Die innere Welt, mit der wir angefüllt sind, das ist die, der wir vertrauen. Selbst wenn wir diese innere Welt als leidvoll erkennen, dann müssen wir dem ins Auge sehen, dass wir ihr offenbar immer noch mehr Vertrauen schenken, als dem Unbekannten, welches sich eröffnet, wenn wir die Anhaftung an die alte Welt aufgeben. Wir brauchen uns nicht zu beklagen, dass wir von falschen Lehrern falsche Lehren erhalten. Wir sind mit den Lehrern, die wir verdient haben, innerlich. Wir sind mit den Lehrern, denen wir vertrauen – außen, wie innen.

ॐ

Verzicht auf die Identität als Bettler

F: Gibt es irgendeinen Grund, irgendetwas zu halten?

OM: Für einen Bettler gibt es viele Gründe, etwas zu halten!

F: Wie kann der Bettler das Halten aufgeben?

OM: Der Bettler kann es gar nicht aufgeben! Es gibt eine Erzählung, in der ein König einen Gesandten ausschickt, damit er seinen Nachfolger finden soll, den er in einer Vision gesehen hatte. Der Gesandte findet den Gesuchten und kehrt zurück mit einem Bettler! Der König gibt die Anweisung, diesem alles zukommen zu lassen, was er für sein Wohlsein benötigt. Er wird gewaschen und gesalbt, ihm wird zu essen gegeben, ihm wird eine Ruhestatt angeboten und der Weg für den zukünftigen König scheint geebnet zu sein. Doch am nächsten Morgen um sieben ist der Mann verschwunden. Der König ist ganz außer sich und fragt, wie kann das nur sein, wo ist er nur hin? Er sendet die Wachen aus, um nach ihm zu suchen. Sie finden ihn an seinem gewohnten Platz beim Betteln. Papaji erzählte diese Geschichte, sie steht in Zusammenhang mit seiner Aussage: Nur ein Prinz kann erwachen.

Deine angenommene Identität des Bettlers wird sich nicht verändern, so funktioniert jedes Ich. Der Bettler wird das Halten nie aufgeben, er kann nur sterben! Natürlich kannst du diesen Schwertschlag nicht selbst ausüben. Es ist der Gnade überlassen. Doch die Gnade ist keine Kraft, die uns verwehrt ist, vielmehr verwehren wir uns der Gnade. Das können wir ändern. Wir können nicht durch magisches Denken versuchen, uns die Gnade wohlgesonnen zu machen, aber wir können uns bereitmachen. Wir können alles in die Wege leiten. Wir können ernsthaft werden und die bewussten Bemühungen aufbringen, die zunächst notwendig sind. Wir können in einen Zustand der Bereitschaft, der Willigkeit, der Offenheit eintauchen. Wir können aufhören, uns der Gnade zu verwehren, indem wir renitent, hartnäckig, verschlossen und eigenwillig immer wieder von Neuem die gleichen, ausgetretenen Pfade wandern. Wir können bereit sein für etwas vollkommen Neues. Die Identität des Bettlers ist der Schatten des herrschsüchtigen Ichs. Natürlich will jedes Ich herrschen, aber in Wirklichkeit sind alle Bettler, wollen haben, halten, sammeln, konsumieren und brauchen immer etwas, um zufrieden zu sein, um glücklich zu sein, um überhaupt zu SEIN. Der Mensch ist so beschäftigt, die täglichen Betteleinnahmen einzutreiben, zu zählen, zu ordnen, dass er gar nicht auf die Idee kommt, die Bettelei wirklich aufzugeben. Es erscheint zu gefährlich. Zu gefährlich, sich ohne Bettelschale einfach hinzusetzen und einem Sterbeprozess ins Unbekannte beizuwohnen. Vertraue auf die geistigen Mittel, welche dir zur Verfügung stehen: deine Aufmerksamkeit und deine Fähigkeit zu Erkenntnis.

ॐ

Verzicht auf Verklärung

F: Ich wurde aufmerksam gemacht, dass ich dazu neige, Personen zu verklären. Da ist dann nicht mehr klar, wie das mit der Liebe zu diesen Personen ist. Kannst Du mir bitte sagen, was Verklärung überhaupt ist?

OM: Das Gegenteil von **Er**klärung. Und damit das Gegenteil von Klärung.

F: Heißt das, dass ich etwas nicht klar sehe?

OM: Verklärte betrachten die Welt durch einen beständig-feinen Schleier der Sentimentalität und sind nicht ausreichend dazu in der Lage, diese Gefühlsfälschung von einer essenziellen mitfühlenden Qualität scharf zu unterscheiden. So fehlt es dem Verklärten an innerer Schärfe, und ich meine nicht ‚die Schärfe des Intellekts' – die mentale Schärfe eines Intellektuellen hat ganz andere Realitätsverluste. Ich meine die mangelnde Schärfe im Erkenntnisprozess, in dem klares inneres Sehen erforderlich ist. Die Tatsache, dass sie ihre eigene Sentimentalität mit Mitgefühl verwechseln, möglicherweise gar mit der Liebe selbst, führt dazu, dass sie den inneren Zugang zu wahrer Liebe verschleiern und die eigentliche Erklärung, die Erklärung des Selbst, verwässern.

Die Erklärung und Offenbarung des Selbst sind kein emotionaler Vorgang, es ist ein transzendenter Vorgang. Die Transzendenz ist jenes Reich, das sich eröffnet, wenn wir jede persönliche Form emotionaler und mentaler Welten zurücklassen. Wir lassen einfach alles zurück.

Zunächst lassen wir die **Ver**klärung zurück, dann lassen wir die Erklärung zurück. Und wenn wir all das bereit sind zurückzulassen, dann geschieht Transzendenz im Bewusstsein des Menschen. Das ist der Übertritt ans andere Ufer. Verklärung ist eine Form der emotionalen Anhaftung. Es ist der Versuch, am diesseitigen Ufer liebevoll anzuhaften, eine schmeichelhafte Art, sich Anhaftung als eine Bewahrung des Paradieses zu verkaufen.

Du trägst in dir den Wunsch, klar zu sehen. Doch diese Klarsicht erfordert einen Zustand von Nüchternheit. Für den Verklärten ist Nüchternheit im allerersten Moment eine Enttäuschung. Doch wenn du dich dann vom reinen Sehen nicht abbringen lässt, dem Sehen ohne die Schleier der Verklärung, so wird dieses innere Sehen von selbst immer tiefer. Du siehst tiefer in dich selbst, bis auf den Seinsgrund.

ॐ

Verzicht ist nicht nur ein Verlust

F: Ich möchte mit Dir im Dialog sein, weil ich am Anfang gespürt habe, dass ich auf die übliche Weise gar nichts verstanden habe und dennoch in mir etwas still geworden ist. Als Du von der Gnade gesprochen hast, wurde mir bewusst, dass es ein Moment der Gnade ist, so belehrt zu werden und darauf zu verzichten, dass ich auf die übliche Art verstehen will, was Du sagst.

OM: Wir müssen auf diesem inneren Weg auf sehr vieles verzichten und zunächst verstehen wir noch nicht, dass ein bewusst ausgeübter, innerer Verzicht keinesfalls nur ein Verlust ist. Der denkende Geist sieht noch nicht, dass dieser bewusste Verzicht das Wertvollste ist, was ihm widerfahren kann. Betrachte dich als einen Süchtigen. Ein Süchtiger muss verzichten, auf Gewohnheiten, auf die selbstproduzierte Wiederholung der immer gleichen Geschichten und Emotionen, auf die schnelle Befriedigung der Gier, auf alles Alte. Der Verzicht geht weit über das hinaus, was du dir vorstellen kannst. Es ist nicht weniger, als ein Verzicht auf ‚die Welt'. Wir müssen alles aufgeben, um alles zu bekommen. Alles verlieren, um alles zu gewinnen. Das ist für den ‚habenorientierten' Mangeldenker nicht zu verstehen. Wenn wir Bedingungen stellen, was wir aufzugeben bereit sind und was nicht, dann sollten wir uns nicht darüber wundern, dass die Früchte, die wir ernten, entsprechend schlecht gereift und eigentlich unverdaulich sind. Deshalb spreche ich von einer Haltung, die total sein muss. Der totale Verzicht des asketischen Weges ist der Verzicht auf den denkenden Geist. Es ist nicht der Verzicht auf die Wahrheit, die Liebe, die Stille.

ॐ

Kauen von trocken Brot

OM: Du schreibst: *„Die Zeit mit Dir im Darshan hat mich über das Jahr oft sehr abgekühlt. Jetzt sehe ich in Dir das, was ich in Zenmeistern meist vergeblich gesucht habe, und doch ist Deine Art für mich oft wie trocken Brot."*

Trocken Brot ist die Nahrung für Fortgeschrittene des inneren Weges. Für Anfänger gibt es mehrgängige Menüs. Der emotionalisierte Geist ist ständig auf der Suche nach Nahrung, nach Formen der Stimulation. Diese Tendenz setzt sich auf den Anfängen des spirituellen Weges fort und zeigt sich in der Sucht nach intensiven Erfahrungen. Rituale mit psychedelischen Drogen im Amazonas sind wesentlich interessanter, als die Lehren des leeren Geistes. Nonduale Mystik, Zen, *advaita* – die höchsten Lehren sind allesamt Lehren des leeren Geistes. Ein Zenmeister ist für den rastlosen Affengeist auf der Suche nach Ablenkung immer wie ein Stück trocken Brot. Auf dem kann er lange kauen, sich dabei auf Liebesentzug fühlen, oder sich die Zähne ausbeißen. Oder er kann einfach zur Ruhe kommen und die Schlichtheit dieses Stückes trockenen Brotes mehr und mehr zu schätzen wissen. Trocken Brot entfaltet erst dann seine Süße, wenn sich der Kauende diesem Kauen genügsam hingibt. Ein mehrgängiges Menü bereitet Vergnügen. Wenn du jedoch an *ananda*[92], dem Geschmack der stillen, andauernden Süße interessiert bist, nimm das trocken Brot.

Das trocken Brot ist nicht für dich, es ist für den denkenden Geist bestimmt. Er kann so lange kauen, wie er kauen möchte, und dann kann er zur Ruhe kommen, er wird ganz von selbst zur Ruhe kommen. Emotionen kühlen ab und du gelangst an einen Moment der *Nüchternheit* mit dir selbst. In dieser Nüchternheit schaust du in die Tiefe des stillen Sees, und du siehst auf den Grund. Wenn die Wogen der Emotionalität sich abkühlen, dann siehst du klar. Es sind die Emotionen, die dir im Wege stehen, klar auf den Grund deiner Selbst zu sehen und in dieser Klarheit den Frieden und die Wahrheit deiner Selbst zu finden. Du hast dich schon viele Leben lang damit beschäftigt, Emotionen leidenschaftlich auszuagieren und gleichzeitig den Versuch unternommen, sie unter Kontrolle zu bringen. Dieses Drama, welches der Geist aufführte, war dein mehrgängiges Menü. Es hat dir Vergnügen bereitet und es hat dir Leiden bereitet. Erstaunlicherweise übersetzen innere Lehren das, was manche Menschen subjektiv als Vergnügen erleben, als Leiden.

F: Du sprichst von der Tugend der Nüchternheit. Ist denn Nüchternheit ein Zustand von Emotionslosigkeit?

OM: Wenn die Emotionen abgekühlt sind, steht dir aus der Nüchternheit eine, vielleicht dir bisher unbekannte, sehr feine Schwingung eines Gefühls zur Verfügung. Es ist eher eine stille Freude des Seins, die aus der Emotionslosigkeit entsteht. Das ist *ananda*. Emotionen sind zu grobstofflich, sie überdecken die stille Freude, die aus einem Zustand von *no-mind*, aus der Meditation entsteht. Es ist nicht die Freude **über** etwas, es ist die stille Freude aus dem SEIN selbst, aus der Erkenntnis dieses unbeschreiblichen SEINS. Und dieses unbeschreibliche SEIN, deine wahre Natur, die immer unverändert ist, unberührt von den Wogen der Oberfläche, die Realisation dieses SEINS ist Freude an sich. Es bedarf keiner äußeren Stimulation mehr, weil das SEIN selbst dir die Freude schenkt, die du woanders suchtest. Lass dich nur darauf ein, und du brauchst nichts anderes.

ॐ

Anmerkungen

1 Die Lehren des Enneagramms sind Teil einer ewigen Weisheitslehre, welche die Gesetzmäßigkeiten des Kosmos ebenso beschreibt, wie sie Erscheinungsformen einer im Menschen wohnenden Kraft entlarvt, welche einen eigenen Kosmos erschafft. Gemäß dieser Lehren ist der ewige Kosmos eine sich in einer Dreiheit selbstenthüllende Einheit. Alles, was existiert, kann aus drei Kräften zusammengesetzt verstanden werden. Das gilt für die Realität ebenso wie für die Illusion von Realität. Die gesamte Illusion von Realität wird in dem Begriff „Ego" zusammengefasst. Oder auch einfach: „Ich", welches auf jeder Ebene seines Nichtseins entsprechend auf drei Säulen aufgebaut ist.

2 Die Heiligen Ideen sind: am Ennea-Punkt 9 -> Heilige Liebe; Ennea-Punkt 1 -> Heilige Vollkommenheit; Punkt 2 -> Heilige Freiheit; Punkt 3 -> Heiliges Gesetz; Punkt 4 -> Heiliger Ursprung; Punkt 5 -> Heilige Weisheit; Punkt 6 -> Heiliges Vertrauen; Punkt 7 -> Heilige Arbeit; Punkt 8 -> Heilige Wahrheit. vgl. dazu: diese Trilogie, 1. Band: <Angst>, Abb. 4, S. 50

3 *Conditio humana,* wörtlich die „menschliche Bedingung", im umfassenderen Sinne die menschliche Konditionierung; in der Weisheitslehre der durch die Identität des geistigen Ichs hervorgerufene Zustand unwissender Begrenzung, der wesentlich durch die zweifache Identifikation mit Körper und Geist hervorgerufen wird. Der Zustand menschlichen Leidens als Opfer des Todes, nicht zu verwechseln mit der „menschlichen Natur", ein Quasi-Synonym für die Seele.

4 vgl. dazu: OM C. Parkin, Intelligenz des Erwachens, advaitaMedia, 3. Aufl. 2019; S. 430

5 A.H. Almaas, Facetten der Einheit, Kamphausen 2004; S. 332

6 Shakti als *shakti* (f., Sankrit): Kraft, Macht, Stärke, göttliche Energie; die ewige Kraft des Werdens aus der Energie des göttlichen Urgrundes; als Shakti -> Name der Gattin Shivas bzw. der Göttlichen Mutter oder der weiblichen Urkraft.

7 Das Enneagramm als ein sogenanntes „horizontales Modell" ist nicht in der Lage, einzelne hierarchisch geordnete Stufen von Evolutionsprozessen im Bewusstsein darzustellen. Dazu bedarf es „vertikaler Modelle", wie sie von Entwicklungspsychologen und von Evolutionsphilosophen angewandt werden. S. dazu: OM C. Parkin, Intelligenz des Erwachens; 3. Auflage, ab S. 297

8 OM C. Parkin unterscheidet zwei Formen des Unterscheidungsvermögens: Horizontales und vertikales Unterscheidungsvermögen. *Horizontales Unterscheidungsvermögen* bezieht sich auf eine Fähigkeit (oder besser: Unfähigkeit) des Verstandes, von dem Philosophen Ken Wilber u.a. auch als „Flachlanddenken" bezeichnet. Gewöhnliche Menschen bewegen sich fast ausschließlich auf der Horizontalität der Oberfläche und suchen dort nach einem denkenden Zugang zur Realität. *Vertikales Unterscheidungsvermögen* bezeichnet eine höhere Form des Unterscheidungsvermögens, welche der integralen Intelligenz der Seele zuzuordnen ist. Die inneren Lehren betonen die vertikale Achse des Bewusstseins (im Menschen der involutiv-evolutive Bogen der 3 Gehirne) als einzig möglichen Zugang zur Realität. Vgl. auch: OM C. Parkin, Spirituelle Meisterschaft, advaitaMedia 2019, S. 312

9 Ein Kunstbegriff im Kontext der Lehren des Enneagramms, der einen dominanten Zugriff des an Punkt 3 des Enneagramms fixierten denkenden Geistes auf das (innere und äußere) Weltgeschehen beschreibt.

10 In der bekannten Bibelstelle über die Tempelreinigung jagt Jesus die Geldwechsler aus dem Tempel, stößt ihre Tische um und spricht zu Ihnen: „Macht nicht meines Vaters Haus zum Kaufhaus!" (Jh; 2, 13–16) Vermutlich gibt es kaum einen Menschen der modernen Welt, der dieses Jesuswort wirklich gehört, geschweige denn realisiert hat, denn die Konsumtempel sind vielerorts die letzten verbleibenden Tempel einer entspiritualisierten Gesellschaft. Vaters Haus ist seit der Zeit, in der Jesus lebte, überall zum Kaufhaus geworden, eine Folge der zitierten „Verdreierung" der Welt, einer spezifisch produktiven Form von Ignoranz des denkenden Geistes.

11 H.W.L. Poonja (1910–1997), von seinen Schülern liebevoll „Papaji" genannt, begegnete 1944 Ramana Maharshi, bei dem er Verwirklichung erlangte. Über Jahrzehnte lebte und arbeitete er in relativer Unbekanntheit, bis er in den 80er Jahren begann, Menschen in seinem Haus in Lucknow/Nordindien zum Satsang zu empfangen. Die gesamte westliche Satsang-Bewegung geht im Wesentlichen auf H.W.L. Poonja zurück. Zu seinen bekanntesten Schülern gehören Gangaji, OM C. Parkin und Eli Jackson-Bear. Bei advaitaMedia erschienen: *David Godman, Papaji – Nichts ist jemals geschehen,* Biographie Bd. 1, 2015; Bd. 2, 2017; Bd. 3, 2019.

12 „Nachmittags machten wir mit ihm einen Spaziergang auf den Marktplatz von Hardwar. Der Marktplatz war voller Lärm, Schmutz und Gestank und voller grabschender und drängelnder Menschen. Auf unseren ersten Spaziergängen fragte ich mich verwundert: „Wie konnte Papaji uns mit hierhin nehmen? Ich war von so weit hergekommen, und in seinem kleinen Zimmer in Satsang zu sein, war der Himmel für mich. Nun nahm er mich in diese Hölle hinaus." (aus: Gangaji; Ein Leben wie Du; advaitaMedia)

13 Siehe dazu: OM C. Parkin, Die romantische Liebe, advaitaMedia 2009

14 Übersetzt aus: Claudio Naranjo, Character and Neurosis, Gateways Books (US) 1994, p. 221

15 Claudio Naranjo, Erkenne dich selbst im Enneagramm, Kösel 2001, S. 178

16 Sandra Maitri, Neun Portraits der Seele, Kamphausen 2001, S. 206

17 ebenda

18 Sandra Maitri, Der Weg zurück zum Selbst, advaitaMedia 2009, S. 206

19 Reaktionsbildung: ein psychischer Abwehrmechanismus, durch den sich angstinduzierende, inakzeptable Impulse ins Gegenteil verkehren lassen (z.B. starker Hass gegen eine Person in übermäßige Zuneigung, Verschwendungssucht in Sparsamkeit; auch mögliche Folge von strengen Verboten des Über-Ichs gegenüber den ursprünglichen spontanen Impulsen.

20 Sichtbare Gemütszustände in der Persönlichkeit des Ennea-Typs 3

21 Claudio Naranjo, Erkenne dich selbst im Enneagramm, S. 51, 52

22 Ebenda, S. 149

23 Gangaji, Freiheit und Entschlossenheit, advaitaMedia 2015, S. 89

24 Brief von Claudia A. vom 10.2.2021

25 Sandra Maitri, Neun Portraits der Seele, S. 118

26 vgl. OM C. Parkin, Intelligenz des Erwachens, 3. Aufl., S. 241

27 Stefan Klein, Wie entsteht Ideologie? ZEITmagazin Nr.22, 2018; S. 22

28 Entnommen aus dem Buch „Handlungsnetze" des Theologen Peter Knauer

29 Claudio Naranjo, Erkenne dich selbst im Enneagramm, S. 198

30 ebenda S. 171

31 Kurzbeschreibung des metaphysischen Konzeptes der 3 Gehirne des Menschen s. Band 1 dieser Trilogie: Angst – die Flucht vor der Wirklichkeit; S. 31, 32

32 Diese Verwechslung ist u.a. in der Abbildung 1 des Buches von Claudio Naranjo, Erkenne dich selbst im Enneagramm, S. 25 zu finden. Dort ist Punkt 3 die „Begierde" zugeordnet.

33 Das Yogasutra (Sanskrit: *yogasūtra* n. „Yogaleitfaden") ist ein zentraler Ursprungstext des Yoga. Es wurde von Patañjali (indischer Gelehrter/Mystiker, lebte möglicherweise vor Christi Geburt) verfasst. Das Yogasutra besteht aus 195 Sanskrit-Versen in vier Kapiteln, in denen in hochkonzentrierter Form die Essenz des Yogaweges gebündelt ist. Es ist eine der ältesten Überlieferungen der Yogatradition.

34 *samsara* (m., Sanskrit): Wanderung; Kreislauf; bezeichnet den endlosen Kreislauf von Geburt und Tod, solange der Mensch in Nichterkenntnis seiner wahren Identität verweilt und sein/das Sein im göttlichen Selbst nicht erkannt/realisiert hat.

35 Sri Aurobindo, Grundlagen des Yoga, S. 75, 76. Gekürzt wiedergegeben. Auch in der deutschen Übersetzung der Texte von Aurobindo, (in Auftrag gegeben vom Aurobindo Ashram), die sich mit dem Begehren befassen, werden die Begriffe Begehren und Begierde nicht differenziert.

36 Sri Aurobindo, Die Synthese des Yoga, S. 16, 17

37 Sandra Maitri, Der Weg zurück zum Selbst, S. 152

38 Hedonismus (von altgriechisch hēdonē, deutsch ‚Freude, Vergnügen, Lust, Genuss, sinnliche Begierde'; im Verständnis des psychologischen (= Ich-Welt) Hedonismus zielen all unsere Handlungen darauf ab, die Lust zu erhöhen und Schmerzen zu vermeiden.

39 Immanenz bedeutet hier das verhaftet bleiben an bekannten/begrenzten Bewusstseinsinhalten („Ich-Blase") im Gegensatz zur Transzendenz, die diese Begrenztheit überschreitet /überwindet.

40 F: *Was hat dir Erleuchtung gebracht?* A: Wenn du mich fragst: „Was habe ich davon?", muss ich antworten: NICHTS. Erst wenn du erkennst, dass du nichts hast und auch nichts mehr willst, bist du in Meditation. Erst in diesem Zustand kannst du das Leben ganz befreit genießen. (aus: OM C. Parkin, Mythos Erleuchtung, S. 19)

41 Anthony de Mello, Eine Minute Unsinn, Herder *Spektrum* 2005, „Reisen", S. 57

42 Sandra Maitri, Neun Portraits der Seele, Kamphausen 2002, S. 155

43 Gangaji, Freiheit und Entschlossenheit, S. 46

44 s. dazu diese Trilogie, 2.Band: Zorn – Der Kampf gegen die Wirklichkeit, S. 37f.

45 Katrin F. in einem Brief vom 2.5.2021

45 Sandra Maitri, Neun Portraits der Seele, S. 160

47 Sri Aurobindo, Die Grundlagen des Yoga, S. 10

48 Karlfried Graf Dürckheim, Hara – Die Erdmitte des Menschen, Fischer Scherz 2005, S. 56

49 s. dazu Anmerkungen zur „Europäischen Dissoziation" in: OM C. Parkin, Das digitale Zeitalter aus Sicht der Weisheitslehre, advaitaMedia 2017, S. 15

50 *ananda* (m., Sanskrit): vollkommene und damit höchste Glückseligkeit, frei von sinnlicher Färbung und Gedanken mit einer anziehenden Kraft hin zur Transzendenz in die Göttlichkeit, d.h. in das SEIN selbst

51 H.W.L.Poonja, Also sprach Papaji, Open Sky Press 2010, S. 87 ###

52 s. dazu: Die romantische Liebe – OM C. Parkin live. Hör-Buch III, advaitaMedia 2009, mit Doppel-CD (100 min.)

53 s. dazu: OM C. Parkin, Intelligenz des Erwachens – Die spirituelle Neugeburt des Menschen, advaitaMedia 3. Aufl. 2019, S. 256; Ausführungen zum Unterschied zwischen Verbindung und Verbündung

54 advaitaJournal: Eine von OM C. Parkin herausgegebene spirituelle Zeitschrift hohen Qualitätsanspruchs mit dem Untertitel: Schriften aus der Nicht-Lehre, von der 15 Ausgaben halbjährlich von Herbst 1999 (Vol. 1) bis Herbst 2006 (Vol. 15) erschienen sind. Die Hefte zeitlosen Inhalts sind noch immer beim Verlag advaitaMedia erhältlich. Das Erscheinen musste letztlich aus wirtschaftlichen Gründen eingestellt werden.

55 Die Schöne und das Biest: Zugrunde liegt ein uralter Kulturen übergreifender Mythos, in schier unübersehbaren Versionen – auch als Märchen – erzählend tradiert. Einfachste nüchterne Version: Ein Prinz weigert sich, einer bösen Fee, die ihn zur Heirat zwingen will, zu willen zu sein. Daraufhin verwandelt sie ihn durch einen Zauberfluch in ein wildes, hässliches Tierwesen, vor dem alle, sich fürchtend und voller Ekel, zurückschrecken. Erlösung ist nur möglich durch die Liebe einer reinen Jungfrau, die in freiwilliger Hingabe bereit ist, mit dem Untier/Biest geschlechtlich zu verkehren. Das unmöglich Erscheinende geschieht; wie es möglich wird, darum ranken sich schier unzählbare Geschichten. Fazit: Reine Liebe (wie auch reine Wahrheit) löst Dualität auf, damit alles Trennende und ganz natürlich auch ‚Hässlichkeit'.

56 Selbsterforschung: Große Selbsterforschung (nach OM C. Parkin) ist die Erforschung der wahren Natur des Menschen, z.B. mit der Frage „Wer bin ich?", wie sie von Ramana Maharshi gelehrt wurde. Kleine Selbsterforschung ist die Erforschung der menschlichen Persönlichkeit, der Charakterfixierung, z.B. mit Hilfe des Enneagramms, also die Erforschung dessen, was der Mensch in Wahrheit *nicht* ist.

57 s. dazu: OM C. Parkin, Spirituelle Meisterschaft, advaitaMedia 2019, Kap. 3, Anm. 33 -> Der Begriff Holon (von griech. *hólos* und on „das Teil eines Ganzen Seiende") wurde von dem Schriftsteller Arthur Koestler geprägt und bedeutet ein Ganzes, das Teil eines anderen Ganzen ist. So ist z.B. eine Zelle für sich ein Ganzes, jedoch Teil eines umfassenderen Ganzen, eines Organs, das wiederum Teil eines Körpers ist. Eine so entstehende Hierarchie von Holons nennt man Holarchie.

58 Ramesh Balsekar (* 25. Mai 1917 in Mumbai; † 27. September 2009 ebenda) ist ein indischer Mystiker, Schüler des Advaita-Lehrers Sri Nisargadatta Maharaj und von diesem autorisiert, die Lehre weiterzugeben. Er stellte dem dualen ‚denkenden Geist' das Konzept des ‚arbeitenden Geistes' gegenüber; letzterer ist integraler Bestandteil der Seele und damit unmittelbar göttlicher Natur.

59 s. dazu: OM C. Parkin, Intelligenz des Erwachens – Die spirituelle Neugeburt des Menschen, advaitaMedia 3. Aufl. 2019, S. 181 ff.

60 Vereinfacht gesagt: Materie/Körperlichkeit = grobstofflich; Fühlen/Herz = feinstofflich; Denken/denkender Geist = feinststofflich; (göttlicher) GEIST hingegen transzendiert Materie/Stofflichkeit

61 „Verengt der Mensch den Raum seines ursprünglichen Lebens, indem er sich einseitig nach oben zieht, dann verschiebt sich das Gleichgewicht seiner Kräfte, und das aufgeblasene Ich verstellt den Weg in die Höherentwicklung." Zitiert aus: Karlfried Graf Dürckheim, HARA – Die Erdmitte des Menschen, Otto Wilhelm Barth Verlag 2003, S. 12

62 Drei Körper des Menschen: physischer, emotionaler und mentaler Körper, gesteuert von den drei Gehirnen (nach Georges I. Gurdjieff). 1. Gehirn -> Bauchzentrum/Instinktzentrum; 2. Gehirn -> Herzzentrum/Emotionalzentum; 3. Gehirn -> Kopfzentrum/Mentalzentrum. Vgl. OM C. Parkin, Intelligenz des Erwachens – Die spirituelle Neugeburt des Menschen, advaitaMedia 3. Aufl. 2019, S. 166 ff.

63 Integrale Intelligenz: Zusammenwirken aller drei Intelligenzzentren (s. Anm. 62) in der natürlichen hierarchischen Ordnung (vgl. Anm. 60)

64 Erste Inkarnation: die physische Geburt des Menschen

65 s. dazu die Ausführungen zum Begriff Translation in OM C. Parkin, Intelligenz des Erwachens – Die spirituelle Neugeburt des Menschen, advaitaMedia 3. Aufl. 2019, S. 180 ff.

66 Große Kette (des Seins): die Dreiheit Materie – Mensch – Gott. s. dazu ebd., S. 344 und Anm. 154

67 arbeitender Geist: vgl. Anm. 58

68 allopathisch => Allopathie (griech. allos – anderer; pathos – Leiden) ist ein Begriff von Samuel Hahnemann (1755-1843), dt. Arzt, Begründer der Homöopathie, der die Schulmedizin als Allopathie bezeichnet hat. Die Schulmedizin arbeitet nach dem Leitsatz „contraria contraii curentur" - Krankheiten/Symptome werden mit einem Gegenmittel (z.B. Schmerz mit betäubenden Mitteln; vgl. auch Antibiotika) behandelt (genau genommen: bekämpft). Die Homöopathie sagt hingegen: „similia similibus curentur" - Ähnliches wird mit Ähnlichem behandelt. s. auch Anm. 69

69 homöopathisch => Die Homöopathie (griech. homoios – gleichartig, gleich; pathos – Leiden) ist eine therapeutische Methode, die ab 1810 von dem deutschen Arzt Samuel Hahnemann (s. Anm. 68) begründet wurde. Im Unterschied zur Schulmedizin wird die Krankheit nicht durch den Einsatz von Arzneimitteln, die die Symptome bekämpfen, sondern durch kleinste Mengen von Stoffen, die in hoher Dosis selbst ähnliche Symptome erzeugen, behandelt.

70 Claudio Naranjo: Claudio Benjamín Naranjo Cohen (1932–2019) war ein aus Chile stammender US-amerikanischer Psychiater, Gestalttherapeut und Lehrer für Meditation. Naranjo war ein Vertreter des US-amerikanischen Human Potential Movement und der Fourth Way-Bewegung. Entscheidend für Naranjo waren die Kontakte zu Oscar Ichazo, der ihn in das Enneagramm einführte. Diese Initiation und die Begegnungen mit spirituellen Persönlichkeiten wie Idries Shah und Tarthang Tulku Rinpoche veranlassten Naranjo 1976 in Berkeley/Kalifornien zur Gründung seiner Schule für psycho-spirituelle Entwicklung, genannt SAT (Seekers After Truth – Sucher nach der Wahrheit), auf Sanskrit SAT = das absolute, unwandelbare SEIN). Ab dieser Zeit war er international tätig und setzt seine SAT-Programme – eine Verbindung psychotherapeutischer Arbeit mit dem Enneagramm – in die Praxis um, so in den USA, in Spanien, Argentinien, Italien, Kolumbien, Brasilien und Deutschland.

71 s. Kap. Leiden in OM C. Parkin, Intelligenz des Erwachens – Die spirituelle Neugeburt des Menschen, advaitaMedia 3. Aufl. 2019, S. 98 ff.

72 Methodik der Inneren Wissenschaft: s. Kapitel ‚Der innere Weg' in OM C. Parkin, Intelligenz des Erwachens – Die spirituelle Neugeburt des Menschen, advaitaMedia 3. Aufl. 2019, S. 158 ff. Weitere Ausführungen des Autors zu Thema z.B. in Vorträgen zur Inneren Wissenschaft 2014, 2016, 2018; Veröffentlichung in Vorbereitung.

73 Nicht-Tun, Wu Wei: Alle Weisheitslehren enthalten dieses Prinzip der heiligen Handlung – frei von Eigenwillen, frei von Ich-haftem Tun in bewusstem Gehorsam gegenüber Gottes Willen. Wu Wei (chinesisch) stammt aus dem Taoismus und wird erstmals von Laotse im Daodejing (Tao Te King) erwähnt und dort definiert als Nichthandeln im Sinne von „Enthaltung eines gegen die Natur gerichteten Handelns".

74 Was ist die Natur des SELBST? In Wahrheit existiert allein das SELBST. Die Welt, die individuelle Seele und Gott sind Erscheinungen darin wie Silber im Perlmutt; diese drei erscheinen zur gleichen Zeit und verschwinden zur gleichen Zeit. Das SELBST ist das, in dem es überhaupt keinen „Ich"-Gedanken gibt. Das wird „Stille" genannt. Das SELBST selbst ist die Welt; das SELBST selbst ist Gott. Alles ist Shiva, das SELBST. – Ramana Maharshi, NAN YAR? /Wer bin Ich? / Who Am I?, advaitaMedia 3. Aufl. 2018; Frage 16, S. 54

75 psycholytisch: (die Seele auflockernd) meint hier und allgemein eine Lockerung der psychischen Abwehrstrukturen und damit eine bessere Zugänglichkeit seelischer Inhalte für das Bewusstsein, unabhängig von der auslösenden Ursache. Der Begriff Psycholyse im engeren Sinne meint Erfahrungen in verändertem/erweitertem Bewusstseinszustand mit dem Ziel der Bewusstwerdung vorher unbewusster Inhalte; dazu dienen seit Urzeiten neben tranceinduzierenden Ritualen bewusstseinsverändernde Substanzen/Drogen, die natürlich vorkommen, oder auch (seit den 30er Jahren des 19. Jhdt.) synthetisiert werden (z.B. LSD, ein Mutterkornalkaloid, von dem Schweizer Chemiker Albert Hofmann 1938 entdeckt).

76 s. dazu OM C. Parkin, Intelligenz des Erwachens, 3. Auflage, S. 190 und Fußnoten 67, 186

77 *leela* (f., Sanskrit): das göttliche Spiel. Das gesamte Universum ist Schauplatz dieses göttlichen Spiels, das Erschaffung, Erhaltung und Zerstörung [Tod, Auflösung] umfasst. Leela steht für das (vergängliche) Relative im Gegensatz zum ewigen Absoluten = SEIN.

78 Arnaud Dejardins, Immer gegenwärtiger Frieden – Seelische Gesundheit und spirituelles Heilsein, advaitaMedia 2021, S. 23

79 karmisches Rad / Rad des Lebens / Rad des Werdens ist die Darstellung des leidhaften Wiedergeburtenkreislaufs *(samsara)*, aus dem Befreiung zu finden der tiefe Sinn menschlicher Inkarnation ist. Es gehört zu den ältesten Bildtypen buddhistischer Malerei und geht zurück auf altindische Vorstellung vom Wirken des Karma, symbolisch veranschaulicht: im Bild des Lebensrades. Seiner zentralen Bedeutung im Hinduismus und Buddhismus entsprechend gibt es davon unzählige Bildversionen, Beschreibungen und Deutungen.

Abbildungs-Beispiel zu Anm. 79:
Rad des Lebens im Dzong von Trongsa in Bhutan, Kreise 1 und 2.
Im zweiten Ring wird in der rechten, dunklen Hälfte der karmische Abstieg, in der linken, hellen der karmische Aufstieg angedeutet. Üble Taten begehen oder dem Dharma folgen und Gutes tun, zwischen diesen beiden Möglichkeiten hat jeder zu wählen. (© wikimedia)

80 s. dazu: Philip Kapleau, Die drei Pfeiler des Zen, O.W. Barth 2010, S. 81

81 *guru* (m., Sanskrit): wörtlich ‚Vertreiber der Dunkelheit'. Lehrer geistiger Disziplinen auf dem Wege zur Selbsterkenntnis, insbesondere der spirituelle Meister. Die Hindutradition unterscheidet verschiedene Guru-Stufen. Satguru / auch Sadguru: der wahre Lehrer, Meister; der vollkommene Guru, der Erleuchtung erlangt hat und eins mit dem göttlichen Selbst (= Realität, letzte Wirklichkeit) geworden ist. Er ist selbst durch alle Stufen der Erfahrung auf dem Weg zur Verwirklichung der einzigen Wahrheit gegangen und ist so fähig, den Weg zur letzten Verwirklichung zu weisen.

82 *bhakti* (f., Sanskrit): die höchste und reinste Form der Liebe. Sie zeigt sich als Liebe zu Gott, Hingabe an den Meister (Guru, s. Anm. 30), unerschütterliche Loyalität zum Wurzelwunsch, frei zu sein von Anhaftung an was auch immer. In Bhakti manifestiert sich der natürliche Wunsch des Menschseins in Gott.

83 *shakti* (f., Sanskrit): Kraft, Macht, Stärke, göttliche Energie; die ewige Kraft des Werdens aus der Energie des göttlichen Urgrundes; auch Name der Gattin Shivas bzw. der göttlichen Mutter oder weiblichen Urkraft.

84 Integraler Yoga: Der Weg der großen Vereinigung von Allem mit Nichts. Zwei Vereinigungen prägen diesen Weg: Die Kleine Hochzeit lehrt die evolutiv-involutive Vereinigung, die bewusste Wiedervereinigung des aufsteigenden und des absteigenden Bogens im Bewusstsein des Menschen. Die Lehren zum Großen Fluss, dem Fluss der 3 Gehirne, und damit verbunden auch zu harmonischer, integraler Lebensführung bereiten diese Hochzeit vor.

85 Kleine Hochzeit: s. Anm. 84

86 Große Hochzeit: Die Große Hochzeit ist die Vereinigung des Absoluten, des SEINSgrundes mit jeglicher relativer Phänomenalität, die in ihm erscheint. Die Vereinigung von Gott und Welt. SEIN und Werden. Ein Geschehen nicht durch verstehen, sondern durch den realen inneren Tod des Trennenden, des Ich.

87 s. OM C. Parkin, Die romantische Liebe – Erläutert am Mythos von Tristan und Isolde, advaitaMedia 2009

88 Die Heiligen Ideen beziehen sich auf die 9 Punkte im objektiven Enneagramm, sie bilden das Grundgerüst für das Verständnis für deren spirituelle Dimension. Bei den neun Heiligen Ideen handelt es sich um neun direkte Wahrnehmungen der Wirklichkeit ohne Verfälschung durch einen Egogeist / eine Persönlichkeit. Die Heilige Idee (das ist kein Gedanke, sondern eine erleuchtete Perspektive) ist z.B. im Ennea-Punkt 9 die Heilige Liebe.

89 Prä-/Transverwechslung nach Ken Wilber: Vorleidenszustände (nicht bewusstes Leiden, das „kleine Glück") werden mit Zuständen verwechselt, die das Leiden durch Transformation hinter sich gelassen haben. s. dazu: OM C. Parkin, Intelligenz des Erwachens – Die spirituelle Neugeburt des Menschen, advaitaMedia 3. Aufl. 2019, S. 112 ff.

90 Das Ich an Punkt 2 des Enneagramms der Egostrukturen identifiziert sich mit der Liebe der Mutter. "Falsche Liebe" tritt entsprechend häufig "mütterlich" in Erscheinung, hat aber ihren Ursprung in der Täuschung, welche durch Identifikation mit einem (Ideal-)Bild der Liebe hervorgerufen wird. "Obwohl der Ennea-Typ 2 das Bild eines Menschen von sich hat, der erfüllt und liebesfähig ist (sodass wir recht treffend auch falsche Liebe sagen könnten), ist das Liebevolle an ihm als lediglich eine der Facetten des Idealbildes anzusehen, das er zur Darstellung bringt und mit dem er sich identifiziert." Aus: Claudio Naranjo; Erkenne dich selbst im Enneagramm, Kösel 2001; S. 171–172

91 Ausführliche Erläuterungen s. OM C. Parkin, Intelligenz des Erwachens – Die spirituelle Neugeburt des Menschen, advaitaMedia 3. Aufl. 2019, S. 262–268; vgl. auch S. 274 f.

92 *ananda* (m., Sanskrit): vollkommene und damit höchste Glückseligkeit, frei von sinnlicher Färbung und Gedanken mit einer anziehenden Kraft hin zur Transzendenz in die Göttlichkeit, d.h. in das SEIN selbst

Der Autor

OM C. Parkin
Weisheitslehrer, Mystiker und innerer Wissenschaftler

Als spiritueller Meister der stillen Tradition versteht es OM, die westlichen und östlichen Ströme der Weisheitslehre zu vereinen. Die Radikalität seines Wirkens, mit der er lehrt und dem Erwachensweg des Menschen dient, ist in der heutigen Zeit eine seltene Kostbarkeit. Die Begegnung mit OM stellt zutiefst in Frage, was du nicht bist und lässt dich in das fallen, was du schon immer warst.

OM gibt seine Erkenntnis des Absoluten in Form von Gesprächen über das Sein (Darshan) und von Innerer Arbeit, sowie als Autor und in Vorträgen weiter. Er ist Initiator der OM-Stiftung Innere Wissenschaft und des Verlages für Weisheitsliteratur advaitaMedia, Gründer und Leiter der Mysterienschule Enneallionce – *Schule für Innere Arbeit* und des modernen Klosters Gut Saunstorf – Ort der Stille.

Das mehrjährige Studium der akademischen Psychologie vermittelte ihm keine wirklichen Einsichten in die Natur des Menschen. Fruchtbarer hingegen war für ihn das Zusammensein mit seinem Sufilehrer. Später nahm er in mündlicher Tradierung die Lehren des Enneagramms auf. Infolge eines schweren Autounfalls im Jahre 1990 überschritt er 27-jährig die Schwelle des Todes und erwachte Ich-los in die Realität des nondualen Absoluten. Seine spirituelle Lehrerin Gangaji, der er kurz darauf begegnete, unterstützte ihn darin, seine fundamentale Wandlung, die die alltägliche Erfahrungswelt völlig sprengte, zu integrieren. Sie wies ihm den Weg zu ihrem *advaita*-Lehrer H.W.L. Poonja, einem direkten Schüler von Ramana Maharshi, der ihm den spirituellen Namen OM gab und ihn inspirierte, aus dem Sehen der advaitischen Realität heraus zu lehren.

So gründet OM C. Parkins spirituelle Lehre der stillen Tradition, von ihm auch als Innere Wissenschaft bezeichnet, einerseits auf der östlichen *advaita*-Tradition (Lehre der Nicht-Dualität, bekanntester Vertreter im Westen ist Ramana Maharshi), wie auch auf den Lehren des integralen Yoga des indischen Weisen Aurobindo Ghose und fußt andererseits auf westlichen Erfahrungswegen (z.B. Christliche Mystik, Georges I. Gurdjieff: Der Vierte Weg). In der Vermittlung nutzt er zudem moderne psychologisch-psychotherapeutische Methoden. Ziel ist Selbsterkenntnis durch Innere Arbeit, die letztlich in die Erkenntnis der wahren Natur des Menschen mündet.

OM C. Parkin sagt selbst: *„Im innersten Herzen der Religionen des Ostens (advaita, zen u.a.) finden wir die reifsten Früchte der Philosophie des SEINS. Das Mysterium der Auflösung der Welt. Die spirituelle Kultur des Westens hat das Wissen über die Evolution des Bewusstseins hervorgebracht – die Philosophie des Werdens. Die höchste Lehre ist die Vereinigungslehre, welche die Pfade der Liebe und der Wahrheit vereint (kleine Hochzeit) und das SEIN mit dem Werden (Große Hochzeit). So vereinigt sich in höchster Erkenntnis das, was niemals getrennt war.“*

Siehe auch:
www.om-c-parkin.de
www.innere-schule.de
www.om-science.com
www.kloster-saunstorf.de

Die spirituelle Dimension des Enneagramms

Band 1 der Trilogie

OM C. Parkin
Angst – Die Flucht aus der Wirklichkeit

advaitaMedia,
Hardcover, 171 Seiten
ISBN: 978-3-936718-35-5

Angst

Die Flucht aus der Wirklichkeit

Die spirituelle Dimension des Enneagramms

Fast alle Menschen leiden unter Angst. Um sie zu vermeiden wird nach Sicherheit gesucht, die uns in ein inneres Gefängnis führt. Hier wird aber nicht nur das Bedrohliche vermieden, sondern vor allem die Angst selbst. So wird sie zu einem monströsen Feind, dem wir nie ins Auge geschaut haben.

Angst: Was ist das denn überhaupt? Nach einer einführenden Betrachtung der Energie von Angst im Spiegel des Enneagramms schreibt OM C. Parkin darüber in einem grundlegenden Essay aus der Sicht der Weisheitslehre. Er öffnet die Augen für das, dem wir auf der Flucht den Rücken gekehrt haben. Statt dorthin zu flüchten, wo keine Angst ist, empfiehlt er, sich der Angst zu stellen und sie zu erforschen.

Im zweiten Teil werden in zahlreichen Darshan-Ausschnitten Gespräche zwischen OM C. Parkin und Schülern wiedergegeben, die der Erforschung der Angst dienen. Angst rückt aus dem Dunkel der Vermeidung und Verheimlichung ins Licht des Bewusstseins. Nur so wird das möglich, was das eigentliche Ziel des Suchenden ist: ein Leben ohne Angst.

Band 2 der Trilogie

OM C. Parkin
Zorn – Der Kampf gegen die Wirklichkeit

advaitaMedia,
Hardcover, 188 Seiten
ISBN: 978-3-936718-58-4

Zorn

Der Kampf gegen die Wirklichkeit

Die spirituelle Dimension des Enneagramms

Der zweite Band der Trilogie aus den Lehren des Enneagramms befasst sich mit der Kraft des Zornes, die, eingebunden in die persönliche Ich-Welt eines Menschen ein großes Hindernis im Zugang zur Realität darstellt: „Zorn macht blind", weiß der Volksmund. Das Buch beginnt mit einer kurzen Einführung in die sogenannten Zornfixierungen aus dem Enneagramm der Charakterfixierungen und dem Bericht eines Schülers des inneren Weges, der – halb schmunzelnd, halb zornig – aus seinem alltäglichen Kampf mit dem Zorn berichtet. Im Anschluss betrachtet OM C. Parkin Zorn aus der Sicht der Weisheitslehre. Hinter dem Begriff des Zornes verbirgt sich ein umfassendes geistiges System, welches sich beständig gegen die Realität bewegt. Ein Vorgang, der auch als Ignoranz bezeichnet wird.

Der zweite Teil des Buches besteht aus Ausschnitten aus Darshans der letzten 25 Jahre, welche der spirituelle Lehrer OM C. Parkin gegeben hat. In diesen erleuchtenden Gesprächen mit Schülern geht es um das Sehen verschiedener leidvoller Aspekte aus einer Welt der Zornfixierung und ihre Verwandlung.

OM C. Parkin
Spirituelle Meisterschaft
Lehrer und Schüler
auf dem inneren Weg

advaitaMedia
Hardcover, 361 Seiten
ISBN: 978-3936718-55-3

Spirituelle Meisterschaft

Lehrer und Schüler auf dem inneren Weg

Der Autor bietet tiefgründige Anleitung für den ernsthaft interessierten Menschen des spirituellen Weges an. Präzise und mit unbestechlicher Unterscheidungskraft beschreibt er unter anderem die kollektiven ‚Löcher' in der Entwicklung des abendländischen Bewusstseins und mit welch gravierenden Missverständnissen ein Suchender deshalb zu rechnen hat. Missverständnisse und Unwissenheit darüber, was ein spiritueller Meister überhaupt ist (existiert in unserer Kultur praktisch nicht), darüber, wie die Natur des inneren Weges beschaffen ist und darüber, was unter ‚wahrem Menschsein', ‚Heilung' und ‚Wachstum' eigentlich zu verstehen ist. Große Unwissenheit zeigt sich im Geist westlicher Suchender häufig auch, wenn es um die Bedeutung verbindlicher Schülerschaft auf dem inneren Weg geht.

Der Meister transzendiert alle relativen Wahrheiten und gibt die Sicht auf die Eine, die absolute Wahrheit frei. Eine wahrhaft radikale Wegweisung!

Sandra Maitri
Der Weg zurück zum Selbst
Das Enneagramm der Leidenschaften und Tugenden

advaitaMedia,
Hardcover, 319 Seiten
ISBN: 978-3-936718-15-7

Der Weg zurück zum Selbst

Das Enneagramm der Leidenschaften und Tugenden

Sandra Maitri beschreibt umfassend die Leidenschaften – im christlichen Kontext als Todsünden bekannt – und die ihnen entsprechenden Tugenden, die den Weg zum Selbst, dem wahren Wesen des Menschen, weisen.

Die Leidenschaften sind die vom Ego gespeisten emotionalen Zustände, die unser Leben so leicht beherrschen, wie zum Beispiel Zorn, Stolz und Angst. Diese Leidenschaften in unserer Erfahrungswelt zu erforschen und zu verstehen, kann uns in den Bereich jenseits der Persönlichkeit führen. Dort entstehen ganz natürlich die Tugenden wie Gelassenheit, Wahrhaftigkeit und Mut, die die zwanghaften und reaktiven emotionalen Muster der Leidenschaften ersetzen. An diesem Übergang von den Leidenschaften zu den Tugenden zeigt sich innere Entwicklung, die in vollständiger Selbsterkenntnis gipfelt.

Sandra Maitri ist bekannt als eine der fundiertesten und gründlichsten Autorinnen des Enneagramms. Sie ist Lehrerin der spirituellen Schule „Diamond Approach to Inner Realization" (A.H. Almaas) und lehrt das Enneagramm im breiteren Kontext spiritueller Entwicklung in den USA und Europa.

Arnaud Desjardins
Immer gegenwärtiger Frieden – Seelische Gesundheit und spirituelles Heilsein

advaitaMedia,
Hardcover, 240 Seiten
ISBN: 978-3-936718-69-0

Immer gegenwärtiger Frieden

Seelische Gesundheit und spirituelles Heilsein

Dieses Buch wurde aus Antworten zusammengestellt, die der französische Weisheitslehrer Arnaud Desjardins Menschen auf der Suche nach dem Sinn des Lebens gab und lädt uns zu dem Abenteuer der inneren Transformation ein. Seine praktische und leicht nachvollziehbare Anleitung zeigt uns, dass die radikale innere Transformation nicht einigen wenigen Yogis, Mönchen oder Nonnen vorbehalten ist, sondern auch für uns, die wir in der Welt leben, möglich ist.

Ulrike Porep
Schritte ins erwachsene Menschsein
Die Integration des inneren Kindes

advaitaMedia,
Hardcover,
344 Seiten
ISBN 978-3-936718-60-7

Schritte ins erwachsene Menschsein

Die Integration des inneren Kindes

Die Dipl.-Psychologin Ulrike Porep gibt dem Leser einen direkten Einblick in die Praxis des inneren Weges. Schnörkellos weiß sie ihre Erfahrung in der langjährigen Begleitung von Menschen auf dem Erkenntnisweg in Worte zu fassen. Sie erinnert humorvoll und unermüdlich an das wohlwollende Interesse an sich selbst, welches das Gehen des Weges erst möglich macht und räumt auf mit der Idee, sich ausschließlich den höchsten Lehren zuwenden und den Reifungsweg zum erwachsenen Menschsein überspringen zu können. Dabei ist die Integration des inneren Kindes ein wichtiger Bestandteil der inneren Arbeit. Ein sehr anschauliches und praxisorientiertes Buch, das Mut und Lust zur Erforschung macht.

advaita media

www.advaitamedia.com